Meu alfabeto

SERVIÇO SOCIAL DO COMÉRCIO
Administração Regional no Estado de São Paulo

Presidente do Conselho Regional
Abram Szajman
Diretor Regional
Danilo Santos de Miranda

Conselho Editorial
Ivan Giannini
Joel Naimayer Padula
Luiz Deoclécio Massaro Galina
Sérgio José Battistelli

Edições Sesc São Paulo
Gerente Marcos Lepiscopo
Gerente adjunta Isabel M. M. Alexandre
Coordenação editorial Cristianne Lameirinha, Clívia Ramiro, Francis Manzoni
Produção editorial Simone Oliveira
Coordenação gráfica Katia Verissimo
Produção gráfica Fabio Pinotti
Coordenação de comunicação Bruna Zarnoviec Daniel

Cet ouvrage, publié dans le cadre du Programme d'Aide à la Publication 2016 Carlos Drummond de Andrade de l'Institut Français du Brésil, bénéficie du soutien du Ministère de l'Europe et des Affaires étrangères.

Este livro, publicado no âmbito do Programa de Apoio à Publicação 2016 Carlos Drummond de Andrade do Instituto Francês do Brasil, contou com o apoio do Ministério francês da Europa e das Relações Exteriores.

Meu alfabeto
Ensaios de literatura, cultura e psicanálise

Julia Kristeva

Tradução Adriana Zavaglia

Título original: *Pulsions du temps*
© Librairie Arthème Fayard, 2013
© Edições Sesc São Paulo, 2017
Todos os direitos reservados

Preparação Tatiane Godoy
Revisão Vanessa Gonçalves, Rogério Cantelli
Projeto gráfico e diagramação Erika Tani Azuma e Rodrigo Disperati | Collecta Estúdio
Capa Carolina Sucheuski

Dados Internacionais de Catalogação (CIP)

K898m Kristeva, Julia
Meu alfabeto: ensaios de literatura, cultura e psicanálise / Julia Kristeva; Tradução de Adriana Zavaglia. – São Paulo: Edições Sesc São Paulo, 2017. –

160 p.
ISBN 978-85-9493-046-0

1. Literatura. 2. Filosofia. 3. Estética. 4. Psicanálise. 5. Cultura. 6. Ciências humanas. I. Título. II. Zavaglia, Adriana.

CDD 801

Edições Sesc São Paulo
Rua Cantagalo, 74 – 13°/14° andar
03319-000 – São Paulo SP Brasil
Tel. 55 11 2227-6500
edicoes@edicoes.sescsp.org.br
sescsp.org.br/edicoes
 /edicoessescsp

Sumário

Nota à edição brasileira 7

Meu alfabeto, ou como eu sou uma letra 9
Como falar para a literatura com Roland Barthes 15
Freud: o fundo do debate 27
A contribuição contemporânea da psicanálise 37
Falar em psicanálise: os símbolos da carne e do retorno ... 53
Antígona, o limite e o horizonte 67
A palavra, essa experiência 81
Ousar o humanismo 87
Dez princípios para o humanismo do século XXI 103
Da inviolabilidade da vida humana 109
"A diversidade é meu lema" 117
Existe uma cultura europeia? 129
Europa/China: os eixos de uma troca 147
O universal no singular 153

Sobre a autora 159

Nota à edição brasileira

Dona de um olhar multifacetado, a intelectual franco-búlgara Julia Kristeva transita em campos distintos do saber, como filosofia, psicanálise, semiótica, literatura e crítica literária. Com textos selecionados a partir da coletânea *Pulsions du temps*, publicada na França em 2013, este livro traz uma amostra de seu pensamento irrequieto que avança igualmente sobre temas como a emancipação política das mulheres, o caráter do humanismo no século XXI e as tensões político-culturais entre o Ocidente e o Oriente, traduzidas nas relações entre a Europa e a China.

A este mundo, pautado pela intolerância, pela globalização e pela hiperconexão, contrapõe-se uma leitura inspirada no cultivo da liberdade, assim como do humanismo, capaz de preservar o indivíduo e dar voz aos que não são comumente ouvidos. Ainda que se trate de uma visão que, sob a ótica da "tradição europeia, greco-judaico-cristã, [...] continua a prometer, decepcionar e se transformar", ela enseja uma mudança que se espera apta a dissipar a opressão do homem sobre o homem e que siga em busca de um futuro melhor.

Em "Meu alfabeto", por exemplo, texto que denomina e abre esta obra, a autora narra como a tradicional festa do Dia da Escrita e Cultura Eslavas, comemorado a cada 24 de maio em seu país de origem, permanece inspirando sua trajetória como escritora, artesã da palavra e, portanto, do bem e da beleza, atenta à essência da experiência humana e dos acontecimentos incontornáveis de seu tempo.

Meu alfabeto,
ou como eu sou uma letra

"Azbuka"

Hoje, 24 de maio, é o Dia da Escrita e Cultura Eslavas, em Sófia. Minha primeira comemoração do Alfabeto. Tenho 6, 7 anos, talvez? Em todo o caso, já sei ler e escrever; gosto disso e aprendo rapidamente. Os búlgaros são o único povo que celebra um dia como esse: o dia dos irmãos Cirilo e Metódio, criadores do alfabeto eslavo. Atrás da enorme imagem desses dois monges, o país desfila nas grandes avenidas: alunos, professores de todo tipo – do maternal às academias de ciências –, escritores, artistas, amantes de literatura, pais... Todas as pessoas ostentam no peitilho uma grande letra cirílica.

Com os braços carregados de rosas e peônias, inebriada por sua beleza desabrochada e sua fragrância que turva minha visão até borrar meus próprios contornos, eu também sou uma letra. Um traço entre outros, uma voluta da linguagem, uma hélice do sentido. Inserida numa "regra que cura tudo" – como, eu viria a saber mais tarde, escrevia Colette, que cultivava seu alfabeto na carne do mundo –, até o comunismo. E fico dispersa entre todos esses jovens corpos que a primavera levemente vestiu, entrelaçada a essas vozes entregues aos cantos antigos, à seda das camisas e dos cabelos e a esse vento ocre que, em Bizâncio, ou no que resta dela, pesa ainda mais com esse perfume persistente de flores. Impresso em mim, o alfabeto triunfa; tudo ao meu redor é alfabeto; porém, não há nem tudo, nem alfabeto: não há nada além de uma memória em júbilo, um chamado para escrever que não é de nenhuma literatura. Uma espécie de vida a mais, "refrescante e rosa"[1], diria Marcel Proust. Nunca esquecerei esse primeiro 24 de maio no qual me tornei uma letra.

---

[1] Cf. Marcel Proust, "Le Temps retrouvé", *in: À La Recherche du temps perdu*, t. 4, Paris: Gallimard, 1989, p. 449.

"Alfabeto" se diz *"Azbuka"* em búlgaro.

— Por que *Azbuka*, papai? É estranho... *"Az"* (que em búlgaro quer dizer "eu") eu entendo: sou eu. Mas *"buk"* seria *"the book"*, o livro?

Depois de concluir o maternal francês com as irmãs dominicanas, e embora continue o francês na Aliança Francesa, estou começando o inglês.

— Claro que não, imagine... Mas, bom... É eslavão, você sabe, o antigo eslavo. *Az buki vedi glagoli...*: A, a, B, 6, V, в, G, г..., responde-me ele.

Cristão ortodoxo e fascinado pelas letras, meu pai me acompanha até o cortejo da escola, me explicando a etimologia da palavra búlgara para "alfabeto": *Azbuka*. A cada letra atribuímos um *nome*, que não é uma simples retomada fonética das letras gregas, com seu sentido remetendo à sua invenção instrumental: α, "alfa" (encontrar/inventar) para A; β, "beta" (andar) para B; γ, "gama" (ceifar, porque lembra uma foice) para G; nem uma palavra da vida cotidiana, como os nomes das letras hebraicas: א "alef" (boi), ב "bet" (casa), ג "gimel" (camelo). — Mas uma lição de vida — profetiza papai. — Uma fé, se você preferir.

Evidentemente, eu não prefiro. Meu pai sabe disso, e já sofre com minha atitude de moleca rebelde que não perde a oportunidade de zombar de seus ensinamentos e convicções religiosas. Mas, hoje, é festa: me calo, escuto. Atentamente. Pois é minha curiosidade que alimenta minha rebeldia.

— "Az", a em *"azbuka"*, designa a primeira letra, o A, e, como você disse, é obviamente "eu", neste caso "você". *"Buki"*, 6, que equivale à letra B, significa em eslavo antigo "as letras". *"Vedi"*, в ou V, nossa terceira letra, quer dizer "eu conheço, eu sei". *"Glagoli"*, г para o G, é "o Verbo"; *"Dobro"*, д, para o D, é, como em búlgaro moderno, "o bem"; *"Est"*, e para a letra E, nada mais é que o verbo "ser"...

Quando meu pai colocava na cabeça que deveria me instruir, suas aulas eram intermináveis. Esqueci a sequência das trinta letras do alfabeto cirílico, assim como seus *nomes* tão edificantes. Será que eu nunca soube? Mas, a partir daquele dia, e a cada comemoração do *Azbuka* que festejei desde a minha infância até minha ida para Paris em 1965, me vinham estas palavras: *"Az buki vedi glagoli dobro est"*. Eu prendia com alfinete uma letra na minha blusa de seda branca e me juntava ao desfile repetindo essa fórmula mágica. Eu a girava em todos os sentidos, decompondo, recompondo os sons, as sílabas, as palavras, os versos, as letras, a letra que eu era, gravada, me misturando aos cantos, às rosas, aos gerânios perfumados, às bandeiras, aos *slogans*, ao vento, à luz de maio, a tudo, a nada.

"*Az buki vedi glagoli dobro est*": "Eu/ letras/ compreendo/ o verbo/ o bem/ é". "Eu compreendo as letras, o verbo; logo, o bem existe, ele é"; e, de trás para a frente, o refrão: "O bem sou eu; eu, compreendendo a letra, o verbo e o bem". Quer dizer: "Eu sou as letras, eu compreendo o verbo; logo, o bem existe". Ou então: "Sendo a letra, eu compreendo o verbo, que é o bem". Mas também: "Eu sou a letra, o verbo, o bem". E até mesmo: "Eu sou a escrita". Melhor. "Eu é uma escrita", pois "Escrever o bem é ser", quer dizer, "O verbo só faz escrever-se em mim para que o bem seja". *Et cetera. Az buki vedi gragoli dobro est.*

Os desenhos das letras, as sílabas e as palavras não paravam mais no lugar, se punham a dançar e me levavam num turbilhão alucinado e lúcido. Eu invertia suas curvas e perninhas, e os sons e as aulas do eslavo perdido renasciam em minha boca, minha língua, meu peito, meus dedos. Eu chegava à sua melodia antiga com a ajuda do búlgaro atual, refazia a grafia e roubava o seu sentido, o incorporava, o recriava. O alfabeto revivia em mim, para mim, eu podia ser todas as letras. Para essa primeira festa, sou a letra A, a, *az*, eu. No ano seguinte, escolherei talvez Г, г, *glagoli*, verbo. Ou por que não Z, з, *zemlja*, a terra? Ou ainda P, п, *pokoi*, a paz. O *Azbuka* renascia em mim num presente infinito, eu é uma letra, eu é as letras. E assim criamos grupos de quatro, cinco, dez, vinte, trinta corpos de meninas e meninos, de mulheres e homens, para formar uma palavra, uma frase, um verso, uma ideia, um projeto... O alfabeto tornou-se meu órgão para gozar o tempo fora do tempo.

Parece que o culto à escrita é agora mais discreto. Talvez tenha até desaparecido. Mais manifestações em Sófia; agora se tuita e se conversa por *chat* como em Paris, Nova York ou Xangai.

Ainda é possível salvar a história? Longe de mim essa pretensão, mas eu apenas vou lembrar uma coisa, para guardar na memória.

Os irmãos Cirilo e Metódio nasceram em Tessalônica, de um pai arconte (uma espécie de governador bizantino) e uma mãe eslava, talvez búlgara. O mais velho, Metódio, alto funcionário do Estado, deixa sua função para se retirar num mosteiro no Monte Olimpo. Seu irmão mais novo, Constantino, que será rebatizado com o nome de Cirilo pelos monges, é um erudito entusiasta e companheiro do jovem imperador Miguel III. Discípulo do filósofo Fócio, que lhe ensina dialética, Metódio se torna em seguida bibliotecário do patriarca de Constantinopla. Quando o príncipe Rastislav da Morávia pede a Miguel III para lhe enviar eruditos que expliquem a verdadeira fé cristã em sua língua, o imperador encarrega os dois irmãos de realizar essa delicada tarefa.

Tratava-se nada mais nada menos de fugir do latim! Assim, Cirilo e Metódio vão para a Morávia em 863 e ali criam o *Azbuka*. Cirilo é o inventor de fato, é o erudito e o visionário. A Metódio cabe o papel de realizador político e educador, em especial após a morte de seu irmão mais novo. Mas a vida deles na Morávia, com as hostilidades do clero latino, era só privações e sofrimentos. Metódio foi até preso. Depois de muito, os dois missionários conseguem chegar a Veneza, onde defenderão o direito de escrever e falar de Deus usando outra língua além das três sagradas: o hebraico, o latim e o grego. Poderia ter sido um final feliz, já que acabam sendo recebidos pelo novo papa, Adriano II, que os apoia e propõe ordená-los sacerdotes, não fosse o fato de Cirilo morrer em 869, em Roma, quando mal haviam sido pronunciados seus votos religiosos.

No entanto, o *Azbuka* (feminino em búlgaro) já está concluído e sendo transmitido, talvez até em suas duas versões. A mais antiga, a *Glagolitza* (do eslavão *"glagol"*, no sentido cristão de "Verbo"), com 44 letras, é obra de Cirilo. Ela é feita de empréstimos e variantes do alfabeto grego, bem como do hebraico (caracteres proto-hebraicos e samaritanos), até da escrita cazar (povo nômade da Ásia Central) e do sistema gráfico georgiano "khutsuri" (do Cáucaso); ela possui duas grafias, uma oval e outra angular. A segunda versão, a "Cirílica", é uma variante simplificada da *Glagolitza*, mais próxima das letras gregas. Criada por Cirilo, mas provavelmente finalizada por seu mais fiel discípulo, Clemente de Ocrida (ou de Ohrid), é a versão utilizada hoje.

Essa longa história culminava para mim na *Oração Alfabética*, *Azbutchna Molitva*, de Constantino de Preslav, outro discípulo dos dois irmãos, e que meu pai adorava. Eu tinha um pai que orava pelo Alfabeto. Ele pedia a Deus que insuflasse em seu coração o Verbo, o famoso *"Glagol"* do antigo eslavo, que se diz *"Slovo"* em búlgaro moderno: "fala e escrita reunidas" (ao passo que a palavra *"glagol"*, como a palavra "verbo" nas línguas românicas, significa apenas a categoria gramatical que designa a ação, em oposição ao "substantivo", que designa o nome comum). "Dai a meu coração um *slovo* (uma fala e uma escrita) fecundo(as), poderoso(as), dai-me um *slovo* (uma fala e uma escrita) capaz(es) de descrever vossos milagres", murmurava ele em segredo, na esperança, todavia, de ser ouvido.

Eu o escutava, fingindo-me distraída, mas sempre atenta e inevitavelmente incrédula. Ele sabia disso e não insistia. Mais tarde, ao me visitar em Paris, papai ia fazer sua *Oração Alfabética* na Notre-Dame. Ela era composta de 39 versos, cada um começando com uma letra do alfabeto, segundo a ordem em que aparecem em nosso *Azbuka*. Eu não compreendia todas as palavras do

eslavão de igreja que teciam essa oração, mas eu ouvia, verso a verso, desfiar-
-se a melodia das letras do alfabeto, e ia restituindo seus nomes tal como eu
os tinha ouvido naquele primeiro 24 de maio, quando me tornei uma letra do
alfabeto: "*Az buki vedi glagoli dobro est*", "Eu sou a letra que conhece a felicidade da palavra falada escrita".

Do escritor como tradutor

Dessa indefinição que é minha imersão no Ser, que nenhuma palavra resume
de pronto, que o vocábulo "alegria" banaliza enquanto o vocábulo "êxtase"
embalsama, a língua francesa procura hoje um sismo. É ela que traduz esse
fluxo: toda uma série de leituras e conversas francesas faz surgir uma textura
luminosa que se deixa escolher pelo que é sentido para fazer o sentido existir.
Alquimia da nomeação na qual estou sozinha com o francês. E justamente aí,
nesse exílio que minha imaginação tenta viver em francês, que o sofrimento
volta a mim, Bulgária, meu sofrimento[2].

Mostram-me o texto célebre de Thomas Mann, o diário do exilado que
ele foi durante o nazismo, e que tem o título *Alemanha, meu sofrimento*[3]. O
escritor vive a tragédia de seu país por dentro e por fora, e se ele condena a
vergonha do hitlerismo, ele não deixa de ser menos consciente da cumplici-
dade dissimulada que a maioria dos alemães nutre por aquele que não hesita
em nomear de seu "irmão Hitler". A violenta barbárie do Terceiro Reich, no
entanto, não tem nada a ver com o colapso da política e da moral no antigo
império comunista – colapso esse, aliás, que as democracias ocidentais de fato
não ignoram. Nenhuma ligação direta, consequentemente, entre o diário de
Thomas Mann e minhas questões íntimas, demasiado íntimas, a não ser essa
posição fora-e-dentro e essa inquietude diante de uma forte mudança cujos
malefícios nos atingem em cheio, com consequências hoje imprevisíveis.

Em última análise, e apesar de tudo, eu me agarro ao francês – "outra língua",
para mim – porque um dos maiores escritores franceses, talvez o maior do
século XX, era um tradutor. Penso naturalmente em Proust: "Os belos livros

---

[2] Cf. neste livro o texto "'A diversidade é meu lema'", nas pp. 117-128.
[3] Cf. Thomas Mann, "Allemagne, ma Souffrance", *in: Les Exigences du jour*, Paris: Grasset, 1976.

são escritos numa espécie de língua estrangeira"[4]; "O único livro verdadeiro, um grande escritor não precisa inventá-lo, mas traduzi-lo, uma vez que ele já existe em cada um de nós. O dever e a tarefa de um escritor são os de um tradutor".

Do estrangeiro, que defino como um tradutor, ao escritor, que traduz o universo sensível de sua singularidade: somos todos estrangeiros[5]?

Sei o quanto esse grito patético das consciências humanistas, preocupadas em lutar contra a "exclusão", pode parecer demagógico e irritante. Não somos todos estrangeiros – e tantos escritores foram não só ideólogos fervorosos da identidade nacional, foram nacionalistas, até fascistas! Mas, de maneira muito franca, fora desses deslizes, considerarmo-nos indissoluvelmente presos ao cordão umbilical que é a língua nacional e seus códigos tradicionais, sim!

Muitos sequer suspeitam que a expressão "estrangeiro à língua"[6], que Mallarmé desejava escrever, e a "tradução do sensível", que Proust visualizava, longe de serem exceções extravagantes, estão no próprio centro do ato criador.

Gostaria de insistir aqui no parentesco intrínseco, e muitas vezes insuspeito, entre o *estrangeiro* e o *escritor* para reuni-los numa mesma, porém sempre singular, experiência de *tradução*.

Vou ainda mais longe. Se não fôssemos todos tradutores, se não avivássemos sem cessar a estranheza de nossa vida íntima – suas derrogações com códigos estereotipados chamados de línguas nacionais – para transpô-la novamente em outros signos, teríamos uma vida psíquica, seríamos seres vivos? "Estrangeirar-se" em si mesmo e fazer de si o intermediário dessa estranheza continuamente redescoberta: não é assim que combatemos nossas psicoses latentes e conseguimos fazer o que o psicótico ou o autista não consegue, ou seja, *nomear o tempo sensível*? Isso quer dizer que, em minha opinião, falar outra língua é simplesmente a condição mínima e primeira para estar vivo. Para redescobrir o alfabeto, o sentido da letra, e traduzi-lo e retraduzi-lo para além de inimagináveis renascimentos.

---

[4] Marcel Proust, *Contre Sainte-Beuve*, Paris: Gallimard, 1971, p. 305.

[5] *Idem*, "Le Temps retrouvé", in: *À La Recherche du temps perdu, op. cit.*, p. 469.

[6] Cf. Stéphane Mallarmé, *Oeuvres Complètes*, Paris: Gallimard, 1945, p. 368.

Como falar para a literatura
com Roland Barthes

Eu gostaria de abrir este colóquio com um excerto do romance de Philip Roth, *Exit Ghost*[1]:

> *Carta ao editor:*
> *Houve um tempo em que as pessoas inteligentes se serviam da literatura para refletir. Esse tempo logo não existirá mais. Durante os anos da Guerra Fria, na União Soviética e em seus satélites da Europa Oriental, os escritores dignos desse nome foram proscritos; hoje, na América, é a literatura que é proscrita como capaz de exercer uma influência efetiva na maneira de apreender a vida. O uso que comumente se faz hoje em dia da literatura nos cadernos culturais e literários dos jornais esclarecidos e nas faculdades de letras está de tal forma em contradição com os objetivos da criação literária e com os benefícios que a literatura pode fornecer a um leitor desprovido de preconceitos que seria melhor a literatura parar, a partir de agora, de exercer qualquer função que seja na sociedade.*
> *Vejam o caderno cultural e literário do Times: quanto mais há, pior é. A partir do momento em que se entra nas simplificações ideológicas e no reducionismo biográfico do jornalismo, a essência da obra de arte desaparece. Essas páginas são fofocas de tabloide disfarçadas de interesse pelas "artes", e elas falam de algo convertido naquilo que esse algo não é. De que estrela se trata, quanto vale, onde está o escândalo? Que transgressão cometeu o escritor? E não transgressão contra exigências de ordem estética, mas contra a filha, o filho, a mãe, o pai, o cônjuge, a amante, o amigo, o editor, o animal de estimação. Sem ter a menor ideia do que há*

---

[1] *Exit Le Fantôme* na edição francesa e *O fantasma sai de cena* na edição brasileira publicada em 2008 pela Companhia das Letras. [N.E.]

de intrinsecamente transgressivo na imaginação literária, o cronista preocupa-se o tempo todo com problemas pretensamente éticos: "O escritor pode... blá blá blá?" [...].

[...] Tudo o que o escritor constrói meticulosamente, expressão a expressão e detalhe a detalhe, é um truque e uma mentira. O escritor não tem motivação de ordem literária. Descrever a realidade absolutamente não interessa. As motivações que o guiam são sempre pessoais e geralmente desprezíveis.

E saber disso, obviamente, é um grande reconforto, pois mostra justamente não só que esses escritores não valem mais do que nós mesmos, como alegam, mas que são piores que nós. Que beleza!

A maneira pela qual a verdadeira literatura resiste à paráfrase e à descrição – pedindo, por isso, reflexão – incomoda o cronista do Times. Ele levará a sério apenas o que ele imagina serem suas fontes, uma forma de ficção, sim, ficção para jornalista preguiçoso [...].

Se eu tivesse o poder de um Stalin, eu não iria desperdiçá-lo reduzindo os romancistas ao silêncio. Eu reduziria ao silêncio aqueles que escrevem sobre os romancistas. Eu proibiria qualquer discussão pública sobre literatura nos jornais, revistas e publicações especializadas. Eu proibiria o ensino da literatura em todos os estabelecimentos escolares, do ensino fundamental ao superior, passando pelo médio. Eu proibiria os grupos de leitura e os fóruns de discussão sobre os livros na internet, e colocaria as livrarias sob vigilância, para verificar se algum vendedor fala sobre livros com um cliente e se os clientes se atrevem a falar uns com os outros. Eu deixaria apenas os leitores com os livros para que eles pudessem fazer deles o que bem entendessem. Eu faria isso por tantos séculos quantos fossem necessários para desintoxicar a sociedade do veneno do falatório de vocês.

Amy Belette[2].

Recebo e entendo essa "Carta ao editor", assinada por Amy Belette, uma das personagens do romance, mais como um acesso de raiva do próprio autor. Quando me veio a ideia de propor ao Centro Roland-Barthes um colóquio sobre o tema "*Où en est la critique littéraire aujourd'hui?*" (Em que ponto se encontra a crítica literária hoje?), eu não estava muito longe de pensar e sentir o que Amy Belette nos diz nessa "Carta". Mas, desta vez, eu não era mais um personagem de Philip Roth (como me aconteceu de ser, por exemplo, em seu

---

[2] Philip Roth, *Exit Le Fantôme*, Paris: Gallimard, 2009.

romance *A marca humana*). Pelo contrário, era justamente no mundo real e do meu lugar de leitora, de teórica da literatura e (às vezes) de crítica literária que eu estava em uníssono com o escritor.

Eu gostaria que, ao longo desses dias, não nos esquecêssemos das considerações de Amy Belette. Para que nossas reflexões possam ao menos esclarecê-las, formulando uma consciência do desconforto em questão e, nunca se sabe – sejamos otimistas –, esboçando mudanças necessárias.

Três pistas para introduzir esses desafios

1. Por sua própria estrutura, como discurso de ou sobre a literatura – digamos, como metalinguagem –, quer se trate da interpretação (hermenêutica) ou da crítica, todo comentário está condenado a estabelecer a experiência literária como um "objeto". Em vez disso, Roland Barthes – cuja obra deu origem ao nosso Centro e ao horizonte de nossos debates – retomou e renovou à sua maneira a questão que escritores (de Diderot a Baudelaire ou Georges Bataille) não deixaram de examinar: é possível falar *da* literatura se e somente se falarmos *para* a literatura.

Foi nesse espírito que, em 1971, tentei pensar na aventura de Roland Barthes, que soube retomar, num estilo pessoal, numa "escrita" (no sentido em que ele emprega essa palavra), os avanços da linguística, da semiologia e, de forma mais ampla, das ciências humanas diante do que ele chamava de "competência literária" dos seres falantes. E como santo de casa não faz milagre, vocês não conhecem esse meu trabalho: por isso, me permito retomar as principais ideias desse texto – ajustando-as e atualizando-as – precisamente intitulado "Como falar para a literatura"[3] e chamar minha palestra de hoje assim: "Como falar para a literatura – *bis*".

2. Por que – e este será meu segundo tema – em quarenta anos o lugar da língua e da literatura mudou na vida social, mas também na experiência de muitos de nós, com a pressão da imagem e da globalização. Como falar para a literatura se a própria linguagem parece recuar sob a luz das telas e à sombra delas, enquanto o Verbo, que outrora foi "no princípio", é reduzido a clichês

---

[3] Julia Kristeva, "Comment Parler à la litterature", *in: Tel Quel*, Paris: Seuil, 1971, n. 47, retomado em *Polylogue*, Paris: Seuil, 1977, pp. 23-54.

e enquanto o romance se desfaz em migalhas de sms, em defluxos de autoficção? É somente de surpresa que a literatura se aventura num precioso regresso a si mesma, à memória de um gênero e, ainda mais raramente, à história do pensamento – para ler mais tarde ou nunca.

3. Finalmente, e ao longo de todo o meu raciocínio, vou tentar não perder de vista (com a obra inteira de Barthes, principalmente *O prazer do texto* e *Fragmentos de um discurso amoroso*), claro, *Crítica e verdade* (1966): para mostrar a atualidade desse livro tanto quanto o presente ainda impensado que ele nos convida a enfrentar.

Vou diferenciar, com Barthes, dois discursos de/sobre literatura:
• O discurso do "erudito" (discurso interpretativo, hermenêutico, analítico), que desenvolve a dimensão "antropológica" do sentido – tal como Barthes a estabelece no que Georges Bataille e Philippe Sollers chamam de "experiência"[4].
• O discurso do "crítico", que não é o cronista literário (contrariamente à ideia comum que atribui ao crítico juízo e avaliação), mas que é definido como alguém que "afirma" seu "desejo".

Dois discursos, ou melhor, duas atitudes que, muitas vezes, se cruzam e se interpenetram: pelo menos na visão ideal de Barthes, opondo-se a Picard[5].
Para especificar o *discurso interpretativo*, eu poderia voltar à "terceira crítica" de Kant, a "crítica do juízo", e a seu "juízo estético", baseado no mais arcaico dos sentidos, o do "gosto" – repensado por Hannah Arendt para considerar uma outra relação com a linguagem, e assim somente uma outra política[6].
É possível também baseá-lo na fenomenologia de Husserl, que abre, no "horizonte poroso" da "teoria predicativa", uma esfera material e sensorial, a "esfera antepredicativa", com o desafio de pensar o sensível.
Prefiro evocar, da minha parte, o inconsciente freudiano, com o regime paradoxal das pulsões, dos afetos, do desejo, assim como seus pré-objetos e pré-sujeitos.

---

[4] Cf. Georges Bataille, *L'Expérience intérieure*, Paris: Gallimard, 1943, e Philippe Sollers, *L'Écriture et l'expérience des limites*, Paris: Seuil, 1971.

[5] Roland Barthes, *Critique et Vérité*, Paris: Seuil, 1966, p. 56.

[6] Cf. Julia Kristeva, *Le Génie féminin – Hannah Arendt*, t. 1, Paris: Fayard, 1999, pp. 343-358.

Todas essas abordagens da experiência literária e, mais amplamente, estética – que desafiam as categorias metafísicas do sentido e do sensível, da psique e do soma etc. – se enriqueceram colocando a arte e a literatura como objetos de investigação. "Objeto" estranho, se pensamos nele: porque não se trata de "comentar" (repetir, parafrasear) o "fundo" e a "forma" da obra (descrições nas quais sobressaem a retórica clássica e o discurso acadêmico, "alvos" de Roland Barthes), mas de examinar a *experiência* de um Sade, um Balzac ou um Artaud, para mostrar em que ela é singular.

E, consequentemente, em que essa *experiência* singular, essa enunciação de um enunciado, essa *escrita*... (os "conceitos" e "noções" variam constantemente) desafia e inova... os próprios códigos teóricos a partir dos quais o intérprete se aventurou a abordá-la.

O percurso interpretativo do "erudito" o leva a enriquecer seu quadro teórico, obrigando-o a se renovar, frente à descoberta dos sentidos múltiplos que estão latentes na obra que Barthes aborda agora não como um "objeto de conhecimento", mas como uma "experiência do escritor", insisto, e para a qual o próprio intérprete se transfere. Pelo disfarce da significação-mensagem-informação se abre, então, esse "turbilhão de hilaridade e horror" de que falava Mallarmé e que será necessário elucidar nomeando a sua economia polissêmica cuja verdade contém um valor geral. Cito: "O discurso geral do objeto não é o sentido, mas a própria pluralidade dos sentidos na obra"[7]; "[...] Ciência das condições do conteúdo, ou seja, das formas; o que a interessará serão as variações do sentido geradas e, se assim se pode dizer, geráveis pelas obras: ela não interpretará os símbolos, mas apenas a sua polivalência; em resumo, seu objeto não será mais os sentidos plenos da obra, mas, em vez disso, o sentido vazio que os sustenta a todos"[8]; "Não se classificará o conjunto dos sentidos possíveis como uma ordem imutável, mas como rastros de uma imensa disposição 'operante' [...] expandida do autor para a sociedade"[9].

Tomemos como exemplo desse discurso "erudito" o texto de Maurice Merleau-Ponty, *O visível e o invisível*[10]. O que ele procuraria na obra de Proust, que se avizinha à de Cézanne, assim entendida pelo pintor: "O que eu tento

---

[7] Roland Barthes, *Critique et Vérité*, op. cit., p. 56.

[8] *Ibidem*, p. 57.

[9] *Ibidem*, p. 58.

[10] Maurice Merleau-Ponty, *Le Visible et l'invisible*, Paris: Gallimard, 1964.

traduzir-lhes é mais misterioso, se emaranha nas raízes mesmas do Ser, na fonte impalpável da sensação"? Seria uma razão contemplativa, que não sucumbe aos conceitos de sua linguagem? Seria um estado pré-reflexivo do pensamento, que expande a comunicação com o Ser e, no entanto, o mantém na opacidade? Seria um logos infinito que organiza o mundo, onde, no cruzamento da natureza e do espírito, se inicia a germinação do sentido e da própria filosofia? Seria um impasse, ou uma deiscência do pensamento, que Proust e Cézanne transferem para Merleau-Ponty[11]?

Existe um emaranhado entre o homem e o universo, um "oco", uma "dobra", uma "carne", dirá o filósofo. Tal como uma armadura aquém do visível, a carne preenche o que não se ousa pensar. Menos que um desejo que tem um objeto, mais que um gozo que a perdeu na fusão com o Ser, a carne é o quiasma entre o que se sente e o sensível, que se mantém nos requintados limites do que é sentido. Minha carne, ou a carne do mundo? É como se fosse a mesma. Embebida de sentido, mas recuando até o insensato. Nunca a consciência foi tão ambiciosa e, por isso mesmo, tão porosa como nessa apreensão do que, tornando-se eu, me subtrai. Na leitura de Proust, o mundo me toca e eu o toco. Vocês também, Proust e Cézanne, vocês me veem e eu vejo vocês, copresentes e abandonados. Uma carne sensível recolhe o tempo sensível na comunhão dos separados. Seria pedir muito a uma pessoa para viver assim cada sensação, digamos, como uma paixão crística? Ele, Merleau-Ponty, pondera sobre a sensação, com Proust, até essa efervescência das identidades, do fora e do dentro, do mundo e do eu, até que o *Em busca* do pequeno Marcel transforme o filósofo, nos transforme em carne, através da imaginação desdobrada em metáforas e em sintaxes hiperbólicas, como o próprio escritor fez vivendo sua escrita. A leitura, portanto, vivida como um reencontro passional, é um rito insustentável. Eis o que diz Merleau-Ponty ao inventar "a carne" do *Em busca*. O conceito de "carne" nos contamina, fazemos parte dele. Pela força da escrita de Merleau-Ponty.

Para dizer de outro modo, a interpretação que o filósofo propõe do *Em busca* proustiano introduz, na filosofia, uma nova noção da "carne" herdada da filosofia grega, do judaísmo e do cristianismo. O texto de Proust não é, para ele, um "objeto" a julgar, avaliar, muito menos promover. O imaginário proustiano é experimentado (mantenho a palavra no duplo sentido de *Erlebnis* e *Erfahrung*) como uma potencialidade interna da complexa

---

[11] Cf. Julia Kristeva, *Le Temps sensible*, Paris: Gallimard, 1994, pp. 329-337.

polifonia significante que o intérprete identifica ao renovar seus modelos teóricos. Recriando-os, melhor dizendo, a partir desse novo desejo de sentido imposto por esse novo reencontro passional, que é sua leitura da experiência proustiana do tempo sensível, do "puro tempo incorporado"[12].

Vamos um passo além. O fascínio provocado pela *French Theory* em muitas universidades e meios culturais em todo o mundo provém também desse novo desejo de um novo modelo de sentido que os teóricos franceses da literatura e da arte difundiram.

Quando os versos de Mallarmé me levaram a repensar o *chora* de Platão[13], o espaço antes do espaço de que fala o *Timeu*, e a propor pensar o mais-que--sentido, que é a música nas letras, pelo termo "chora semiótico" – na escuta das bases pulsionais da fonação e no revestimento da significação explícita de "Um lance de dados" ou de "Prosa (para *des Esseintes*)" –, eu não estou falando da literatura como "objeto". Falo para a literatura como *experiência subjetiva*, uma vez que a encontro em seu labirinto de "mistério nas letras" (como gosta de dizer Mallarmé). Na verdade, esse "mistério", que detecto (e analiso), fala comigo: em nossa transferência/contra-transferência (entre o *Lance de dados* e "eu"), o texto me dota de uma nova ferramenta interpretativa que vai então aprimorar minha própria percepção e contribuirá para entender de outra forma outros textos; tiro daí uma ferramenta de análise que desdobra a "polivalência" (Roland Barthes) desse símbolo complexo que toda obra é.

Do mesmo modo, quando minha leitura de Céline[14], de *Voyage au Bout de la nuit* à *Bagatelles pour un massacre* [Bagatelas para um massacre], me faz entrever – a partir de modelos psicanalíticos e fenomenológicos que ela solicita e que ela ultrapassa, incitando-me a rearranjá-los – nos romances e panfletos uma *abjeção* subjacente aos laços sujeito/objeto, filhos/pais, homem/mulher, assim como no laço do narrador com outra religião, etnia ou raça, eu não inocento Céline de seu antissemitismo, nem o explico ou julgo. Tento expandir a inteligibilidade de uma experiência subjetiva (a do autor, mas também a do leitor solicitado por ele) que está enraizada nos estados-limite da vida psíquica: fascínio e/ou repulsa entre sujeito e objeto, nem um, nem outro, ab-jetos. Descubro a *abjeção* que subentende as categorias da estética clássica, como a "sedução"; da sociologia, como o "racismo"; e da psicanálise, como o "delírio".

---

[12] *Ibidem*, pp. 239-245.

[13] *Idem, La Révolution du langage poétique*, Paris: Seuil, 1974, pp. 22-30.

[14] Cf. Julia Kristeva, *Pouvoirs de l'Horreur, essai sur l'abjection*, Paris: Seuil, 1980.

Esse percurso do "erudito" intérprete ou então do analista seria tão diferente do percurso daquele que Barthes chama de "crítico"? Com certeza. Porém, não totalmente. Imposta à reflexão moderna, desde Maurice Blanchot, passando por Hegel-Mallarmé-Kafka, a escrita e seu sujeito abandonam, em Barthes, o labirinto especulativo do espírito absoluto para chegarem, com Sade, Fourier, Loyola, Balzac, ao discurso político, mítico, ao jornalismo, ao *nouveau roman, Tel Quel*. E graças a uma aliança entre sociologia, estruturalismo e vanguarda literária, eles recebem uma nova luz. Defendo que a escrita, segundo Barthes, busca suas fontes, aparentemente inconciliáveis, na experiência, de um lado, do "fascínio" – que Blanchot contempla numa escrita "entregue à ausência de tempo", "numa perda do ser quando falta o ser"[15] –, e, de outro, na concepção dialética da escrita, segundo Sartre, como práxis objetiva, "mais completa, mais total que a vida"[16]. Mas, então, se o intérprete tenta identificar-se com a experiência da escrita assim entendida, o crítico não o faria também à sua maneira? De que modo? Ou, de maneira inversa, permaneceriam ambos (o intérprete e o crítico) irremediavelmente estrangeiros à escrita? Salvo se eles também se tornarem escritores... por intermitência? Blanchot e Sartre: são eruditos intérpretes ou críticos? Talvez escritores[17]?

Ambivalência e drama do crítico: Barthes teria sido o primeiro a revelá-los numa cultura em deslocamento sob o efeito do que ainda não era chamado de "mídia"? Por um lado, o crítico fala em seu nome para outro: ele introduz o desejo antes de formular qualquer "crítica" que seja, juízo ou avaliação. "Passar da leitura à crítica é mudar de desejo, é desejar não mais a obra, mas sua própria linguagem"[18]. Vamos entender assim: o crítico deseja a linguagem de que é capaz. No lugar em que o intérprete "erudito" inova os modelos para pensar a inesgotável experiência polissêmica das obras, é crítico, continua Barthes, aquele que afirma a linguagem de seu desejo: "Ele, o crítico, é obrigado a produzir um certo 'tom', e esse tom, no fim das contas, só pode ser afirmativo"[19]. O crítico fica, assim, atado ao seu "eu", que se apodera dos sentidos plurais, que se apropria das polivalências e dos signos: "o crítico seria aquele que não pode produzir o *ele* do romance, mas que também não pode rejeitar o *eu* na

---

[15] Maurice Blanchot, *L'Espace littéraire*, Paris: Gallimard, 1955, p. 24.

[16] Jean-Paul Sartre, *Critique de la Raison dialectique*, Paris: Gallimard, 1960, pp. 90-91.

[17] Cf. Julia Kristeva, *in: Polylogue, op. cit.*

[18] Roland Barthes, *Critique et Vérité, op. cit.*, p. 79.

[19] *Ibidem*, p. 78.

pura vida privada, ou seja, renunciar a escrever: é um afásico do *eu*, enquanto o restante de sua linguagem subsiste, intacto, marcado, porém, pelos infinitos desvios que o bloqueio referente a um dado signo impõe à fala (como no caso do afásico)"[20]. Tendo partido de seu *eu* opaco para a escrita de um outro, o crítico (afásico de sua própria experiência narrativa, incapaz de narrar-se) retorna ao seu *eu* que ficou bloqueado numa linguagem de afirmação – vejo assim: a linguagem do crítico não é uma linguagem de experiência.

A ironia desse modo de ficar rodando em círculos não escapa a Barthes: o crítico é obrigado a coagular uma porção de sentido afirmativo em que a escrita como experiência não para de se decompor-recompor infinitamente. Afásico do *eu* e ironista incapaz de assumir a pulsão de morte que triunfa no ato da escrita não como uma "biografia", mas como uma "tanatografia", o crítico observa, entretanto – mas por sua própria deficiência –, essa estranha singularidade que é a experiência literária. Ele mostra sua heterogeneidade no espaço social da comunicação, mas sem torná-la inteligível. Por sua "decisão de dizer", o crítico só pode distanciar-se definitivamente da lógica polifônica da escrita, de sua profundidade noturna, cercada pelo insensato e pelo sensível[21].

Cá estamos nós diante da linha divisória que une o intérprete e o crítico, tão diferentes, porém, um do outro: eles se mantêm à distância da escrita, eles não são escritores. "É escritor aquele para quem a linguagem é um problema, que sente a sua profundidade, não a instrumentalidade ou a beleza"[22]. Vamos entender assim: o escritor dessubstancializa o sentido da linguagem juntamente com a identidade individual, sua intenção se enraíza fora da linguagem, seu segredo intimida porque ele é contracomunicação[23], ou seja, porque ele sonda a experiência.

Raramente, talvez nunca, a proximidade entre intérprete-crítico-e-escritor, com suas semelhanças-diferenças e pelo cruzamento desses papéis, esteve tão presente na consciência, tão minuciosamente analisada e tão apaixonadamente praticada como foi o caso, na França e na língua francesa, da segunda metade do século xx. Não nos deixemos inibir pela tecnicidade aparente desses avanços. Elucidando as várias modalidades dessa relação, apelando para

---

[20] *Ibidem*, p. 17.

[21] Cf. "Roland Barthes et l'écriture comme démystification", *in*: Julia Kristeva, *Sens et Non-sens de la révolte*, Paris: Fayard, 1996, pp. 283-325.

[22] *Idem, Critique et Vérité, op. cit.*, p. 46.

[23] *Ibidem*, p. 36 e Roland Barthes, *Le Degré zéro de l'écriture*, Paris: Seuil, 1953, pp. 32-33.

um despertar permanente de cada um, trata-se, para Barthes e para nós, seus amigos e cúmplices em nossas próprias diferenças, de demonstrar aos contemporâneos, alienados em sua linguagem e sem futuro histórico, que a literatura é o lugar em que essa alienação fracassa cada vez de modo específico, e com a consciência aguda para alguns, ou difusa para outros, de dever e de poder resistir à banalização dos espíritos em curso, mas também de recusar o culto simétrico e arcaizante das belas-letras.

Em que ponto nos encontramos hoje?

O terceiro milênio acrescenta a esse cenário novas dificuldades. A primazia da imagem globalizada desvalorizaria, entretanto, o papel central da linguagem e, por conseguinte, da literatura, mas também dos discursos interpretativo e crítico?

Muitos pensam que sim, e a indigência da crônica literária, bem como a opacidade do discurso acadêmico, denunciadas por Amy Belette, parecem provar isso. Fui levada a dizer recentemente que a mensagem cultural francesa não era mais passada apenas porque ela estava centrada na língua e na literatura francesa em detrimento das indústrias culturais. Como não aderir à ambição de desenvolver essas incontornáveis indústrias culturais (cinema, artes visuais e plásticas, livro, teatro etc.), mas também o digital, e reinventar a própria francofonia! Defendo, porém, que, se não somos capazes de reagir ao que vou descrever como uma verdadeira denegação circundante da linguagem – e da literatura – e se essa "consciência da fala" que define o escritor, segundo Barthes, antes de qualquer "escala de valores", devesse atenuar-se, senão desaparecer, então estaríamos num ponto de viragem da condição humana que se exporia a mudanças com consequências imprevisíveis: para melhor, talvez, para pior, também.

Não sou daquelas que demonizam o reinado das imagens. Também não vou me contentar em insistir apenas na língua e na literatura como constituintes maiores da identidade nacional. Embora esteja convencida, na verdade, de que é justamente aí, e não no culto à língua e à sua literatura, mas em sua transvaloração perpétua pela escrita e pelo discurso interpretativo, analítico e crítico que a elucidam, que essa identidade motivada evolui: de forma alguma um dogma, mas um permanente questionamento, *work in progress*, obra aberta como a identidade de uma nação viva. Antes de tudo, vou me limitar a destacar o fato de que – porque a linguagem constitui o sujeito no homem e na mulher (como mostraram a filosofia e as ciências humanas há mais de um século) – é justamente o imaginário literário que fornece o espaço privilegiado no qual se adquire a liberdade do sujeito em, com ou sem o sentido. É justamente a experiência literária – acompanhada de sua elucidação interpretativa, e que muitas vezes a integra em seu próprio enunciado – que transforma a dependência do homem e da mulher diante da fantasia, ou seja, da imagem, mas também de todo significante e ideia unívocos. Dando-me uma chance de alcançar os limites do meu eu, assim como a possibilidade objetiva de sua superação sócio-histórica, a experiência literária é uma prova de liberdade – única por sua complexidade – no próprio coração das normas sociais. Proust não dizia outra coisa ao escrever: "A imaginação, meu único órgão para gozar a beleza"[24]. Ou, então: "A realidade, [esse] resíduo da experiência"[25].

Entendo a questão de vocês. Ainda seria possível falar assim para a literatura como experiência quando a própria literatura se fecha, "inrockuptível"[26], na poesia ecolálica de Guyotat; se cristaliza – raramente – num diálogo com a filosofia e a história segundo Sollers; ou, mais frequentemente, rivaliza em vulgaridade com *Desperate Housewives*?

Protegido pela Universidade, mas evidentemente protegido por demais, apenas o discurso interpretativo "especializado" persiste em reabilitar, cultivar e despertar essa "consciência de linguagem" que se desejaria tão, senão mais, "durável" quanto o ecossistema ameaçado. Seria preciso que o discurso interpretativo acedesse ainda mais a essa qualidade de afirmação que Barthes diagnosticava no discurso da crítica: que ele decida se fazer ouvir, que ele faça a escolha de dizer em favor e contra a midiatização generalizada.

Quanto à própria crítica, que ela não se limite a orquestrar a "peopolização"[27]. Que ela saia do virtual ao qual as telas reduzem as construções imaginárias, e que ela tente dar novamente uma profundidade antropológica à obra da linguagem.

---

[24] Marcel Proust, "Le Temps retrouvé", *in: À La Recherche du temps perdu*, op. cit., p. 450.

[25] *Ibidem*, p. 468.

[26] Cunhado a partir de um neologismo da palavra francesa *incorruptible* (incorruptível), o termo refere-se à revista francesa de cultura *Les Inrocks*, uma publicação de esquerda e de raiz independente que, em novembro de 2016, fez uma matéria sobre o trabalho com a linguagem realizado pelo escritor francês Pierre Guyotat. [N.E.]

[27] Surgido a partir do vocábulo francês *peopolisation*, que remete à palavra inglesa *people*, o termo "peopolização" corresponde à grande exposição da vida privada de celebridades do mundo do entretenimento nos meios de comunicação de massa, gerando um grande poder de fascínio por elas, que são transformadas em representantes de uma vida ideal, desejada por todos, num mundo onde tudo é possível. [N.E.]

À interpretação analítica, cabe ponderar o lugar da imagem na arquitetura complexa do sentido, sem ceder à facilidade da hiperconexão que, pela fantasia da hipercomunicabilidade, favorece a denegação da polissemia linguística e literária e encoraja a ideologia do declínio.

À crítica, cabe passar da imagem à leitura, o que implica mudar de desejo. Que ela deseje menos a comunicação e mais a consciência de linguagem como experiência de fala cercada de *nonsense*, de sensações e de infinitas reconfigurações.

Diante da "crise do comentário", Barthes tinha iniciado, em 1966 e com outros, uma reaproximação dos críticos e intérpretes com os escritores. O que ameaçaria, em "o símbolo que constitui a linguagem", perguntava-se ele. E a resposta: não a unicidade do sentido, mas a infinita capacidade de interpretação e de crítica pela qual a vida psíquica vive e revive, revolta-se contra os dogmas e reformula seus laços, suas sociedades, sua democracia. A consciência de linguagem, despertando o homem unívoco e unidimensional, tornaria possível, esperava ele, uma "mudança social talvez tão profunda quanto a que marcou a passagem da Idade Média ao Renascimento"[28].

Hoje, a crise financeira, econômica e social da qual esperamos uma saída improvável é muito mais profunda que o mal-estar na civilização às vésperas de 1968. Não é mais um "sentido único" que nos ameaça, hostil à "imaginação no poder", mas uma verdadeira "assimbolia" em que, pelo disfarce de uma crença na imagem, não é uma "sociedade do espetáculo" que se afirma: é o espaço inteiro da "consciência de fala" que está se fechando. Fechar esse espaço é condenar a pessoa e seus laços sociais a uma virtualidade insignificante, e essa nova doença da alma desemboca em dois abismos: de um lado, o niilismo desiludido; do outro, o transcendentalismo fundamentalista.

O que pode o discurso interpretativo, analítico e crítico diante dessa situação sem precedentes? Não sabemos o quê, mas temos a capacidade de ter consciência de que se trata de uma mudança da civilização do verbo e do livro em benefício de uma "cultura" do virtual, avatar lúdico do que Freud chamava de "cultura da pulsão de morte", que a "cultura do supereu" recupera com seus excessos de controle e suas deficiências banalizadas. A psicanálise e a crítica estão em primeiro plano dentre os que poderiam estimar os riscos e as promessas dessa passagem. Não nos esquivemos dessa gravidade. Pensemos nela e tentemos falar não *de*, mas *para* a literatura.

---

[28] Roland Barthes, *Critique et Vérité*, op. cit., p. 48.

Freud:
o fundo do debate

A hipótese de Freud

Há mais de cem anos, um neto de rabino, humanista à maneira de Diderot e de Goethe, e neurologista de profissão, descobre que há verdade nos velhos mitos, bem como nas fantasias de seus pacientes e também nas dele. E ele transforma a *psykhé* dos gregos, o *nephesh* dos judeus, a *anima* dos cristãos numa copresença do desenvolvimento do pensamento e da sexualidade. Você está vivo se e somente se você tiver uma vida psíquica, tal é a mensagem universal de Freud. A espécie humana ainda se espanta com isso – especialmente nesta época de automatização e atomização global.

O "complexo de Édipo" é a alavanca dessa remodelagem da metafísica que, imperturbável, continua a isolar a carne do espírito, o desejo (pela mãe) do proibido (apresentado pelo pai). O Édipo varia segundo os sexos, as estruturas psíquicas e as civilizações, guardando seu lugar fundamental de organizador da vida psíquica. A sexualidade, que Freud nunca abandona, não biologiza a essência do homem, uma vez que ela é duplamente articulada: por uma determinação biológica *e* pelos laços simbólicos que constroem o ser falante na sequência das gerações. Sua sexualidade não se reduz às suas zonas erógenas, nem aos filmes virtuais que você projeta em sonho, ela é um fato de linguagem – diz sua *Interpretação dos sonhos*[1] (1900). Mas a linguagem também não a esgota. Entremeio, impulso pulsional, inconsciente, a sexualidade também lhe escapa, escapa a você: todo o prazer está aí. "Sempre que abrimos a boca, fazemos propaganda", prescreve Mao. *Sempre que falamos, fazemos sexo, basta escutar*, aprofunda Freud.

---

[1] Sigmund Freud, *L'Interprétation des rêves*, Paris: PUF, 1967.

A transferência é a consequência, também universal, dessa copresença sexualidade/pensamento. No laço analítico, você transfere sua memória passional para o presente, e de você para mim, de mim para você: uma revivescência que lhe permitirá modular seu "aparelho psíquico" para que ele reviva.

O objetivo do tratamento não será fazer você se conformar com as normas sociais, nem encher você de prazeres absolutos, mas fazer você descobrir que você é *singular*, e somente assim é capaz de inovar em seu pensamento e em seus laços, é capaz de criar: este é o terceiro "universal" (com a *pulsão* e a *linguagem*) em que se baseia a análise.

Para chegar a esse ponto, Freud teria sido subjetivo demais? Um aventureiro do espírito e do corpo, esse vienense vem de longe. Pior, era mau poeta, cruel e sarrista quando lhe convinha, como quando era para se agarrar ainda mais aos preconceitos e pensar as inércias da tradição. Por ocasião do nascimento do filho de seu amigo Fliess, em 1900, Freud escreve-lhe[2]: "Salve também ao pai que achou por onde [conter o poder do sexo feminino] para que ele entre com sua cota de obediência à Lei […]". Porém, o homem da razão continua a velar sobre o patriarca ultraortodoxo: "Ele (o pai, ou Freud?) apela, por sua vez, aos poderes superiores: a dedução, a fé, a dúvida". Mais tarde, sua constatação "A mulher por inteiro é tabu"[3] soa como uma acusação contra todas as civilizações patrilineares e patriarcais. Descobrindo que a "bissexualidade é bem mais acentuada na mulher que no homem"[4] e que a intensidade da relação precoce filha/mãe, ancorada na pré-linguagem sensorial, é "tão dificilmente acessível quanto a civilização minoico-micênica antes da dos gregos"[5], ele modifica sua própria concepção do Édipo. Klein, Lacan, Winnicott, Bion, entre outros, continuarão a desenvolver a vitalidade universal desse *"work in progress"* e plural.

Uma ciência humana

Provocar Freud sobre a "cientificidade" da psicanálise é da alçada dos debates epistemológicos do século passado: a implicação da *subjetividade do*

---

[2] *Idem, Lettres à Wilhelm Flies: 1887-1904*, Paris: PUF, 2006 e Max Schur, *La Mort dans la vie de Freud*, Paris: Gallimard, 1975, p. 245.

[3] Sigmund Freud, "La Psychologie de la vie amoureuse", in: *La Vie sexuelle*, Paris: PUF, 1969, p. 64.

[4] *Idem*, "Sur la Sexualité féminine", in: *La Vie sexuelle, op. cit.*, p. 141.

[5] *Ibidem*, p. 140.

experimentador nas ciências humanas, e seu papel fundador da eficácia analítica (transferência/contratransferência) são amplamente reconhecidos.

Tomemos, então, a originalidade da psicanálise diante da religiosidade. Nós nos lembramos do debate entre o filósofo Habermas e o teólogo cardeal Ratzinger[6]. Já que ao Estado secularizado falta um "laço unificador"[7] para fundar o "direito racional"[8] (segundo o jurista alemão Böckenförde), nos seria preciso uma "autoridade superior fiável" que garantisse "pressupostos normativos"[9] para controlar a corrida desenfreada para a liberdade: uma "consciência tornada conservadora"[10] que se "nutriria da fé" (Habermas) ou que seria uma "correlação entre a razão e a fé"[11] (Ratzinger).

Paralelamente a essa hipótese, Nietzsche e Heidegger já tinham lembrado que as oposições fé/razão e norma/liberdade não são mais sustentáveis se o ser falante que sou não se pensa mais como dependente de um mundo suprassensível (transcendental), e menos ainda de um mundo sensível, político e econômico "com poderes de obrigação". "Eu" me revelo e modifico o mundo pelo *laço* que teço na linguagem com esse objeto estranho que é o objeto de desejo, no *cruzamento da biologia e do sentido*. A experiência limite do pensamento, que é o ápice da arte e da literatura, aponta não para uma "correlação", mas para uma reformulação fé/razão.

A teoria do inconsciente conduz e aprofunda essa reformulação na intimidade de cada um. Sem baixar a guarda contra as "ilusões" que consolam, mas que podem inibir ou perverter os desejos e o pensamento[12], Freud coloca no divã o que ele chama de "nosso Deus Logos"[13]. Ele chega ao "sentimento

---

[6] Na ocasião de um debate organizado em 19 de janeiro de 2004 pela Academia Católica da Baviera, em Munique. Cf. Jürgen Habermas e Joseph Ratzinger, "Les Fondements prépolitiques de l'État démocratique", *in*: *Esprit*, Paris: 2004, n. 306, pp. 5-28; reedição *in*: *Raison et religion. La Dialectique de la sécularisation*, Paris: Salvator, 2010. Cf. também Julia Kristeva, "Penser La Liberté en temps de détresse", *in*: *La Haine et le pardon*, Paris: Fayard, 2005, pp. 15-27.

[7] "Les Fondements prépolitiques de l'État démocratique", *in*: *Esprit, op. cit.*, p. 11 e *in*: *Raison et religion, op. cit.*, p. 43.

[8] *Ibidem*, pp. 8 e 36.

[9] Jürgen Habermas e Joseph Ratzinger, "Les Fondements prépolitiques de l'État démocratique", *in*: *Esprit*, p. 6; *in*: *Raison et religion, op. cit.*, p. 33.

[10] *Ibidem*, pp. 16 e 55.

[11] *Ibidem*, pp. 28 e 83.

[12] Sigmund Freud, *L'Avenir d'une illusion*, Paris: Seuil, 2011.

[13] *Ibidem*, pp. 78 e 80.

oceânico"[14] que me embala e me afoga no continente materno. E se apoia na necessidade (antropológica, pré-religiosa e pré-política) de crer, da qual invisto o "pai da pré-história individual"[15] – antes de me revoltar contra o "pai edipiano" para pavimentar os caminhos do desejo de saber e de minha liberdade singular. "Investir": do sânscrito *kredh-/straddha*, "credo, crer"[16].

Não é necessário denegar, ignorar, condenar esse sentimento oceânico e a *necessidade de crer*: isso é infantil ou criminoso. Mas você pode acompanhá-los de um *desejo de saber*: questione suas fantasias até a raiz do imaginário, que é a necessidade de crer. É doloroso, é violento: Édipo é um revoltado, Orestes também, somos todos parricidas e matricidas. Tal é o sentido do ateísmo freudiano: um "esforço cruel e de muito fôlego"[17], que não se deve deixar às moscas para os "malandros da praça pública", como teme Nietzsche. Para além do "fio rompido da tradição" (Tocqueville e Arendt)[18], na era planetária multirreligiosa e pós-religiosa, a psicanálise convida o homem e a mulher a reconhecer apenas o "laço unificador" do desejo de analisar toda identidade e todo laço e à satisfação que esse trabalho de elucidação oferece. As tentativas de desmantelar a psicanálise não se dirigem a um ídolo imaginário, mas a essa transvaloração do continente greco-judaico-cristão de que a psicanálise tira o alcance antropológico universal: algo a se repensar infinitamente.

Benefícios do tratamento

Os analisandos dirão o mesmo que Proust: "Os doentes se sentem mais perto de sua alma"[19], "[...] a sensação de estar sempre cercado por sua alma não é como uma *prisão imóvel*; é mais como ser levado com ela num *perpétuo impulso para ultrapassá-la* [...], que não é um eco de fora, mas um ressoar de

---

[14] *Idem, Malaise dans la Civilisation*, Paris: PUF, 1971, p. 6 e Sigmund Freud e Romain Rolland, *Correspondance (1923-1936)*, Paris: PUF, 2006, p. 304.

[15] Cf. Julia Kristeva, *Histoires d'Amour*, Paris: Denoël, 1983, pp. 36-56.

[16] Cf. Julia Kristeva, *Cet Incroyable besoin de croire*, Paris: Bayard, 2007 e, neste livro, o ensaio "Ousar o humanismo", pp. 87-102.

[17] Jean-Paul Sartre, *Les Mots*, Paris: Gallimard, 1964, p. 210.

[18] Cf. Hannah Arendt: "O fio da tradição foi rompido e [...] não será possível reatá-lo", *in: La Vie de l'esprit*, t. 1, Paris: PUF, 1981, p. 237. Cf. também da mesma autora *Essai sur la révolution*, Paris: Gallimard, 1967 e *La Crise de la culture, à propos de Tocqueville*, Paris: Gallimard, 1972, p. 104.

[19] Marcel Proust, "À Mon ami Willie Heath", *in: Les Plaisirs et les jours*, Paris: Gallimard, 1993, p. 41.

uma *vibração interna*"[20]. E a psicanálise responde propondo nada mais nada menos que a reorganização e a permanência do psiquismo.

Ideólogos da mídia afirmam que, pelo fato de o *hard sex* passar na TV e de, nos comícios políticos, os militantes se atacarem verbalmente como um "autismo" ou uma "denegação de realidade", o recalque desapareceu e a psicanálise, que está em todos os lugares, segundo eles, não tem mais nada a fazer. Esses críticos de Freud ignoram que, longe de reduzir a vida psíquica aos órgãos que realizam o ato sexual, a psicanálise entende se e como a excitação, a dor ou o prazer se integram na arquitetura complexa de sensações, palavras, pensamentos, projetos.

Dizem que a histeria desapareceu. Errado! A dissociação histérica entre a excitação e sua representação psíquica e verbal, e até mesmo os sintomas de tipo epilético, cedem quando a hiperexcitabilidade histérica e os traumas edipianos encontram seu sentido no "tempo redescoberto" da associação livre e na dinâmica da transferência.

Os comportamentos anoréxicos e bulímicos se modificam quando se chega à dificuldade de nomear a abjeção e qualquer sensação extrema, para desvendar na autopunição a recusa do feminino e a reunião ascética com a dureza do pai, que levam uma pessoa a se matar.

Em muitos analisandos, o domínio da imagem agrava a denegação da linguagem; eles se apresentam como "perversos" que podem "fazer tudo e dizer tudo", mas vêm se consultar com a queixa de se sentirem "vazios", "sozinhos", "incapazes de amar".

Pode ser necessário incluir nesses tratamentos a própria imagem do roteiro perverso (filme, foto, obra de arte às vezes executada pelo analisando) para que os afetos que ela provoca encontrem as palavras, e que pontes se formem entre as pulsões inomináveis e a linguagem até então defensiva[21].

A frequência atual da depressão nos confronta com uma relação osmótica com o continente materno e exige uma escuta muito fina do infraverbal (tons, intensidades, ritmos, assonâncias) para decifrar os traços mais secretos da aderência mortífera que a pessoa deprimida cultiva, de maneira persistente, com seu objeto de amor e outros parceiros[22].

---

[20] *Idem*, "Du côté de chez Swann", *in: À La Recherche du temps perdu*, t. 1, Paris: Gallimard, 1987, pp. 85-86.

[21] Cf. Julia Kristeva, *Les Nouvelles maladies de l'âme*, Paris: Fayard, 1993, pp. 9-26.

[22] *Idem*, *Soleil Noir, dépression et mélancolie*, Paris: Gallimard, 1983.

A clínica moderna também inova sua escuta das pessoas em situação de deficiências psíquicas, mentais, sensoriais ou motoras abordando a dependência, a vergonha, a culpa, a coexistência com a mortalidade para além do sofrimento narcísico, assim como os códigos específicos de comunicação que oferecem espaços de criatividade inesperada: uma expansão tão dolorosa quanto sutil da complexidade e dos limites do ser humano.

Em todas essas novas direções, cada tratamento é único, tão singular quanto uma obra poética. Mas ele se apoia em avanços teóricos sustentados por um alicerce freudiano que desenvolvem, em especial, as relações precoces, os distúrbios narcísicos e suas repercussões nos estados-limite ou nas psicoses, as doenças psicossomáticas, mas também o autismo. Nas fronteiras do sensível e do sentido, a psicanálise das últimas décadas enriqueceu a teoria da linguagem identificando suas conexões com as representações psíquicas inconscientes e pré-verbais: depois da obra de Lacan sobre a fase do espelho e o significante, os trabalhos de Bion sobre os "elementos alfa e beta" do psiquismo, de Piera Aulagnier sobre os "pictogramas", de André Green sobre os afetos, minha própria contribuição sobre o "semiótico" e o "simbólico" são alguns exemplos. Finalmente, os princípios fundadores da psicanálise freudiana são capazes de responder hoje ao mal-estar psíquico, esse *alter ego* da globalização, que se manifesta em todas as culturas. Mas esses princípios estão se tornando mais complexos no encontro com a diversidade das culturas, como mostra a etnopsiquiatria analítica.

Campos da psicanálise

O "tempo das cerejas"[23] e os espíritos dissidentes idolatram Freud. Por quê? Porque ele é pessimista (a pulsão de vida é inseparável da pulsão de morte), ele sugere que o sentido da felicidade é a liberdade: possível, ao infinito. Conhecimento de si com o outro, corpo e alma, através de separação, frustração, castração, sadomasoquismo, passagem dos sacrifícios e da morte: seus desejos, prazeres, gozos afinam-se e afirmam-se. Veja a musa do feminismo, Simone de Beauvoir: "É um dos homens deste século de que gosto com mais

---

[23] Associada à Comuna de Paris, de 1871, "Le Temps des cerises" é uma música escrita por Jean Baptiste Clément em 1866, com melodia de Antoine Renard. Clément foi ele mesmo um *communard* que lutou na Semana Sangrenta, de 21 a 28 de maio de 1871, última etapa da Comuna. [N.E.]

sinceridade", escreve ela em *Tudo dito e feito*[24]. Não somente a heroína de *Os mandarins* é psicanalista, como também é "no ponto de vista psicanalítico", exposto desde o início do *Segundo sexo*, que Beauvoir esgota a ideia fundadora de seu livro: o sexo "é o corpo vivido pelo sujeito. Não é a natureza que define a mulher: é ela que se define retomando a natureza por sua conta em sua afetividade"[25]. As críticas e simplificações da psicanálise que vieram depois, e que alimentaram a corrida de um certo feminismo contra a psicanálise, suscitaram também e *a contrario* movimentos que tentam se informar mais sobre a pesquisa e a ética psicanalíticas.

Hoje, alguns esperam modernizar a psicanálise fazendo-a aplaudir as barrigas de aluguel, os casamentos homossexuais ou as famílias homoparentais. Essa atitude me parece tão pouco psicanalítica quanto o inverso, que consistiria em votar contra. Em ambos os casos, esquecem que a psicanálise não é nem sexologia, nem sociologia, nem medicina, mas que ela se volta para a singularidade complexa da vida psíquica. É pouco, é limitado, mas é único, e é isso que importa consolidar hoje. Não diluí-la nas "questões atuais" ou "da moda", mas mudar o olhar sobre essas questões. Se a biotecnologia e o consenso social podem aliviar o sofrimento e favorecer a criatividade pessoal, que eles considerem situações excepcionais, caso a caso. Proibir seria esquecer que a parentalidade muda na história e seria incentivar a transgressão afora ou clandestinamente. Não intervir seria agravar as tendências que veem os seres humanos como consequências ou objetos da proeza técnica e da desproporção exagerada dos desejos. Comecemos, então, por analisar o seu desejo: por que você quer ter filhos? O que é ser mãe para você? Sua resposta vai ajudar você a tomar uma decisão. Ela será acrescentada ao debate sobre a importância de abrir-se para essa mudança de civilização até os limites do humano.

Contracorrente

Durante uns dez anos, com meus amigos Daniel Widlöcher e Pierre Fédida, começamos, no Hospital da Salpêtrière, um grupo de estudos envolvendo as neurociências, a biofarmacologia, a psiquiatria, a psicologia, a psicanálise, a linguística, a teoria literária, a filosofia, a história da arte... As melancolias

---

[24] Simone de Beauvoir, *Tout Compte fait*, Paris: Gallimard, 1972, p. 206.
[25] *Idem*, *Le Deuxième sexe*, t. 1, Paris: Gallimard, 1949.

graves, por exemplo, só podem ser tratadas com técnicas "mistas": o comprimido e a fala. Descobre-se a complexidade e a diversidade dos autismos e, embora a pesquisa genética se desenvolva sem tratamento químico específico, as abordagens cognitivas e as assunções ergoterápicas são indispensáveis, às quais se junta a psicoterapia. O perigo é que a expectativa legítima levantada pelas neurociências se torne uma ideologia que evite a vida psíquica. *Uma denegação da linguagem está se instalando*, para a qual também contribui a hipercomunicação digital com seus "elementos de linguagem" que fragmentam a razão até as mais altas esferas políticas. Reina uma verdadeira assimbolia, em que se afundam, de um lado, a declinologia e, de outro, um comunismo sensualista que suspostamente galvaniza o povo com a promessa de um hedonismo para todos. Essa onda na qual se deleita a mídia ameaça a civilização do livro e do verbo, muito além da psicanálise.

Mas outras vertentes também surgem na contracorrente: a desordem psíquica que afeta todas as culturas recorre à etnopsiquiatria analítica (diante da aflição da imigração na Europa Ocidental) e à psicanálise: depois da América Latina (Brasil, Argentina etc.), hoje a Europa Oriental, a Rússia, o mundo árabe. Indiferença da China? Vamos ver. Na Escola Politécnica de Xangai foi criado um instituto de culturas e espiritualidades europeias e chinesas, especialmente atento à psicanálise francesa. Vendo meu espanto, o diretor responde: "Para que nossos engenheiros não se tornem camicases quando se depararem com um conflito pessoal ou social: vocês abrem a mente deles".

Fazendo-se o guardião e o reconstrutor do espaço psíquico ameaçado e muitas vezes em pane, o analista só faz exercer um dever de memória para com a cultura europeia. Ele está no coração do mal-estar plural atual. Vejamos dois: a maternidade e a adolescência.

Entre o manejo ecológico das fraldas e o medo de que a mulher emancipada desapareça na figura doméstica mamífera lactante e orgulhosa de sê-lo, o frenesi da mídia mostrou que *a secularização é a única civilização que carece de discurso sobre a maternidade*. Pelo contrário, a psicanálise moderna concentra suas pesquisas sobretudo na relação precoce mãe-filho. Qual seria a diferença entre o apego emocional (ligado à gravidez) e a paixão para com este primeiro outro: ao mesmo tempo estrangeiro, eu mesma e polo de amor/ódio? Aurora da civilização, da loucura materna, do sadomasoquismo? A mãe com ou contra a amante? Como ela transmitiria a linguagem: com o pai, e com esse amor – apesar de estar farta – que é o humor? Como a sublimação do erotismo protegeria o amor materno da pedofilia, mas também do congelamento de embriões? E o tempo materno, que não é somente o da preocupação ou da angústia de morte, mas também de contínuos re-nascimentos, "eclosões" (Colette), a mãe recomeçando seu tempo como avó, educadora, sindicalista, humanitária?...

O adolescente[26] é rebelde, toxicomaníaco, anoréxico, delinquente, amoroso: necessária reedição da revolta edipiana, ele se separa dos pais, de suas carências e faltas, opondo-lhes um mundo ideal. Um parceiro ideal é aquele que me dá satisfação absoluta, sexual, profissional, social, diz o adolescente. Eu acredito nisso: sou romântico, revoltado, místico. A realidade nunca está à altura desse ideal, tampouco as ideologias, tudo me decepciona, eu me aborreço, eu quebro tudo. *O adolescente é, ao mesmo tempo, um crente e um niilista.* Somos todos adolescentes quando estamos apaixonados. Freud trata disso em "Dostoiévski e o parricídio". Hoje vemos o adolescente ser punido com severidade nas Zonas de Educação Prioritária (ZEP) francesas e tornar-se fundamentalista. A adolescência é uma doença de idealidade. As sociedades ditas primitivas a acompanhavam com ritos de iniciação. O Ministério da Educação francês, de sua parte, quer ensinar os professores, nunca muito numerosos, nunca imunes à depressão, a administrar a violência. É fácil dizer!

A psicanálise seria o único espaço que poderia redescobrir a necessidade de ideal para conduzi-la ao desejo de saber e de recriar laços? A psicanálise... desde que ela se reinvente sempre, como fez o próprio Freud.

---

[26] Cf. Julia Kristeva, "L'Adolescence, un syndrome d'idéalité", *in: La Haine et le pardon, op. cit.*, pp. 447-460.

A contribuição contemporânea
da psicanálise

Alain Braconnier [AB]: *Seu último livro, O ódio e o perdão*[1], *percorre e completa os quatro temas nos quais você se aprofundou desde o início de seus trabalhos psicanalíticos: o papel da linguagem, da narração e da escrita; a questão do feminino, bastante inacabada em Freud e até mesmo nas psicanalistas que o sucederam; o questionamento suscitado pelo religioso e pelo fenômeno da crença; e enfim, a contribuição contemporânea da psicanálise. Você poderia estabelecer um fio pessoal que permitisse aos nossos leitores compreender as relações que lhe possibilitaram investigar sucessiva e conjuntamente seus diferentes temas de pesquisa?*

Julia Kristeva [JK]: A ambição de Freud é, em sua origem e fundamentalmente, terapêutica: seu gênio teórico e sua vasta cultura de judeu, que fez suas as ideias do *Aufklärung*, muitas vezes nos levam a esquecer esse fato. Confrontado com o delírio dos seres falantes que nós somos, ele descobre que o desejo é o seu portador e que, na intersubjetividade amorosa que será a transferência, a linguagem é o melhor veículo e o meio ideal (o único?) que nos permite, a cada um, reconstruir infinitamente nossas identidades frágeis e sempre ameaçadas. Se eu resumo dessa forma tanto o pessimismo freudiano como seu compromisso terapêutico, é também para esboçar tanto o alcance como os limites de seu método, de nosso método.

Primeiramente, o alcance: a psicanálise é uma clínica, um campo restrito, um "contexto" variado de teorias, mas ela também é intrinsecamente dependente das condições de existência, dos analisandos, e dos analistas. Isso não quer apenas dizer que o que está "fora do contexto" nos interessa e se entende

---

[1] *Idem, La Haine et le pardon, op. cit.*

na transferência e na contratransferência. Mas também que os "fatos" psíquicos que nos inquietam são, de pronto, "dados" sociais, históricos e políticos. É assim também com a regulação desejo/amor, necessidade de crer/ilusão, até as fronteiras da diferença sexual feminino/masculino. Os "dados de reflexão" psicanalíticos são, certamente, universais, mas eles também são contenções ou estruturas móveis, maleáveis na história dos seres humanos: Freud sempre os apreendia desse modo em sua arqueologia da civilização. E devemos reconhecer que temos dificuldade para levar adiante e atualizar essa perspectiva.

Agora, os limites: em *Moisés e o monoteísmo*, Freud considera que "o primeiro indivíduo na história da humanidade"[2] é Amenófis IV, o faraó da XVIII dinastia que impôs o monoteísmo ao seu povo, na mesma época em que Moisés teria vivido. Freud faz, assim, a confissão de que o sujeito da psicanálise é tributário do sujeito do monoteísmo. Aliás, as primícias da descoberta freudiana estão ancoradas no *Édipo rei* de Sófocles, com o papel estruturante do pai que o interdito do incesto supõe. Ser de cruzamentos (todos se lembram de que Édipo matou seu pai num cruzamento em forma de γ, o gama grego, bifurcação entre o desejo e o assassinato), amante de sua mãe, Jocasta, e assassino de seu pai, Laio, Édipo deve, no entanto, reconhecer esses crimes para libertar Tebas da peste. Levando adiante seus questionamentos, ponderando, pensando, o homem do desejo e do assassinato "psicologiza", ou melhor, *subjetiva* o destino infligido pelos deuses e, apenas a este preço, pode se constituir como um sujeito trágico dividido: ao mesmo tempo sujeito do desejo e sujeito do saber. De fato, seu desejo de saber a verdade enunciando-a só é alcançado ao preço da renúncia ao seu desejo, da culpa e da punição: tantos equivalentes para a aceitação tanto da verdade quanto da autoridade paterna e/ou da cidade. Compreende-se por que o mito grego, modulado no texto de Sófocles, restritivo e até legislador, tenha seduzido Freud, preocupado em reconhecer o gozo, com suas delícias e seus riscos, para simbolizá-lo pelos meios conjuntos do interdito e do saber; pois "o gozo é interdito para quem fala assim", "ele só pode ser dito entre as linhas por quem é sujeito da Lei, já que a Lei é baseada nessa interdição", dirá Lacan[3].

O fundador da psicanálise delineia, assim, tanto sua concepção da subjetivação trágica, que constitui o sujeito falante como sujeito da Lei, quanto a ética da psicanálise, seu pessimismo ativo, nos quais se apoia a experiência

---

[2] Sigmund Freud, "Si Moïse fut égyptien", *in: Moïse et le monothéisme,* Paris: Gallimard, 1948, pp. 27-33.

[3] Jacques Lacan, "Subversion du Sujet et dialectique du désir", *in: Écrits,* Paris: Seuil, 1966, p. 821.

analítica. É importante lembrar isso porque as "novas doenças da alma", que revelam hoje as bases dessa subjetivação – que muitas vezes se mantêm irredutíveis –, trazem dificuldades, senão impossibilidades, de individuação em alguns estados regressivos. Elas evocam experiências humanas de outro tipo, que interpelam a legitimidade do contexto analítico, colocando em questão a própria universalidade do complexo de Édipo. A *Oresteia* de Ésquilo, por exemplo, não forneceria de fato uma "subjetividade" muito diferente, rebelde à Lei paterna e, numa espécie de sobrevivência do mítico matriarcado, necessitando da fantasia do matricídio como uma condição psíquica libertadora? É o que Melanie Klein vai sugerir. Da mesma forma, seria preciso esquecer Eurípides e suas *Bacantes*, e o duelo Penteu/Dionísio, que propõe pelo menos dois caminhos na travessia do materno – a *mãe-versão* de Penteu e a sublimação dionisíaca cujo "duplo nascimento" vai prefigurar a ressurreição crística? A lista dos "esquecimentos" de Freud ainda é longa, os quais não deixaram de suscitar as inovações da clínica moderna: do lado dos laços precoces mãe-filho, bem como daquele da psicose ou do autismo. E é grande a tentação de sacudir os próprios tópicos freudianos, em proveito de um "terceiro caminho" ou, de maneira menos "parricida", de adornar a problemática edipiana com modelos da fragmentação psíquica e dos estados-limite.

Minha investigação das experiências estéticas da modernidade (literatura e artes plásticas), nas proximidades da psicose, bem como em minha vivência em um regime totalitário o qual reprimia as possibilidades criadoras dos indivíduos, fazendo pairar sobre eles a ameaça de uma automatização acentuada num contexto político e cultural esquizoparanoide, me convenceu de que era necessário prestar atenção a novas configurações psíquicas que exigem, consequentemente, novas atitudes interpretativas na condução dos tratamentos, aquém e ao lado do complexo de Édipo. A crise do monotonoteísmo, apesar dos surtos dos "retornos da fé" e outros reavivamentos espirituais, a mistura do fundamentalismo e do niilismo gerada pela globalização, o aumento das "novas doenças da alma" (toxicomanias, psicossomatoses, esquizofrenias melancólicas, delinquências, perversões mórbidas mascarando depressões graves na exaltação maníaca de gozar até morrer etc.), todas essas manifestações que dominam a época pós-moderna pedem, obviamente, que sejam reconsiderados tanto os antecedentes quanto as falências do sujeito edipiano (desejo-culpa-perlaboração-sublimação).

Porém, estou convencida de que "os tópicos da clivagem" entre verdadeiro e falso *self* necessários à atualidade da psicanálise, a não mentalização ou o inconsciente primitivo, excluindo a representação, fundados nas fantasias originárias e nos fenômenos de identificação projetiva de ordem mais afetiva que cognitiva, não têm autonomia específica, mas têm a ver com sintomas ou patologias subjetivas que podem ser ouvidos e tratados apenas no horizonte da integração edipiana neurótica. Não se trata de reduzi-los a essa abordagem, mas de lembrar, com toda a lucidez, que é nela que se situa, obrigatoriamente, o analista se ele não quiser se tornar cúmplice do que Freud chamava de "peste": peste da complacência, mais ou menos ocultista, com a regressão, a fragmentação, a loucura.

Assim, atenta aos laços pré-edipianos, nos pacientes *borderline* ou no tratamento de crianças e adolescentes, fui levada a repensar a "relação de objeto". Diante dos problemas da separação entre "sujeito" e "objeto", e sem, por isso, postular uma semelhança com a clivagem esquizoparanoide, eu digo que a mãe e o *infans* se constituem, nos períodos precoces da existência do bebê, como "ab-jetos"[4]. Como não são nem sujeitos tampouco objetos, mas polos de atração e rejeição, eles desencadeiam a separação ulterior no triângulo edipiano. Com a diferença de que, na modalidade da subjetivação em questão, lógica e cronologicamente anterior ao complexo de Édipo, a interação dos "abjetos" apoia-se na "identificação primária", "direta e imediata", com o pai da pré-história individual, e materializa-se nas trocas pré-verbais, que eu chamo de "semiótica" (as pulsões seguindo a via sensorial e a pré-linguagem se articulando em intensidades, ritmos e entonações). Na fronteira do recalque original, o "abjeto" e a "abjeção" permitem ao analista aprimorar sua escuta, inscrevendo a transferência negativa na comunicação translinguística, "semiótica". E acompanhar bem de perto seu analisando, mantendo-se tanto na posição da mãe "ab-jeta" (desejada e abominada como numa representação feminina pelos pincéis de Picasso ou de De Kooning) quanto na do "pai da pré-história individual"[5], "polo de identificação primária" e ainda não de "interdito edipiano". Veja que esse tipo de escuta, provisória ou intermitente no longo processo do tratamento, mais acomoda o complexo de Édipo que o negligencia e, no meu entendimento, oferece as condições intrapsíquicas para uma reconstrução do analisando como sujeito de desejo e, portanto, de criatividade, integrando-o na transferência/contratransferência a partir de suas latências pré-edipianas. Assim, desde a fase "arcaica" de suas necessidades

---

[4] Cf. Julia Kristeva, *Pouvoirs de L'Horreur, essai sur l'abjection, op. cit.*, pp. 43-67.

[5] Cf. Julia Kristeva, *Histoires d'Amour, op. cit.*, pp. 36-65.

em carência, o analisando é ouvido e interpretado na ambivalência do laço objetal precoce em vias de constituição e de rejeição. Em *Pouvoirs de l'Horreur* [Poderes do horror], proponho uma abordagem psicanalítica dessas modalidades precoces da subjetivação, que também foram "tratadas" ao longo da história sob o aspecto dos rituais de purificação em diversas religiões (judaísmo, cristianismo, hinduísmo) ou de que se constatam os fracassos sublimatórios – no delírio antissemita de Céline, por exemplo.

[AB] *Como você conseguiu superar aqueles que às vezes opõem caricaturalmente as contribuições de Freud e as de Lacan? Essa foi a sua formação inicial de linguista?*

[JK] Minha formação de linguista teria sido insuficiente se eu não tivesse acrescentado a ela a semiologia: Saussure, Benveniste, Greimas, Barthes. Eu tive a sorte, muito jovem, de participar do começo dos estudos do sentido, através do objeto "linguagem" dos linguistas, em direção às "práticas significantes" translinguísticas: a literatura primeiro, mas também a imagem, com a pintura, o cinema, e a música, o gesto etc. Esse período e esses estudos, hoje muito facilmente esquecidos ou desacreditados, e que ficaram, aliás, muitas vezes fechados em si mesmos num esoterismo tecnicista, surgiram para mim, e ainda são para mim, como a meca do pensamento contemporâneo. Eu considerei o *sentido* um processo dinâmico, uma *significância* que mobiliza – com a linguagem – outras formas de significação. Além do estruturalismo, ajudei a trazer para o debate o sujeito da enunciação na história: meu trabalho sobre Bakhtin, com o corpo e o discurso do carnaval, foi inaugural nessa perspectiva. Mas também era preciso examinar a linguística à luz da fenomenologia. Foi o que tentei fazer em minha tese *Revolução da linguagem poética: Mallarmé e Lautréamont*[6]. Tomando um atalho em direção ao Ego transcendental de Husserl, eu quis fugir do cartesianismo de Chomsky, que tende a encerrar a linguagem na gramática, e introduzir nos estudos do sentido dois parâmetros que a semiótica ignora: a "matéria" (*hylé*) e o "outro". Foi então que eu me voltei para uma reabilitação da pulsão e do desejo na interpretação da enunciação poética, entendendo por "revolução" primeiramente o retorno do recalcado e só depois seu impacto de surpresa, até de mudança, no código já cansado das trocas sociais normativas. Assim revisitada, a "linguagem", ou melhor,

---

[6] *Idem, La Révolution du langage poétique, op. cit.*

o "sistema da língua" dos linguistas não era mais meu objeto: tratava-se, então, de interpretar o texto, a escrita, com seu sujeito em crise e em reconstrução, num contexto biográfico e histórico específico. Freud e Lacan não tinham mais por que se opor: eles participavam naturalmente dessa reformulação.

[**AB**] *O que você acha, a partir do conhecimento contemporâneo sobre a linguagem e seus avatares, e a partir de seus próprios trabalhos nessa área, da famosa e quase sempre enigmática frase de Lacan: "O inconsciente é estruturado como uma linguagem", insistindo, acho eu, como você, no "como"?*

[**JK**] Meu trabalho como semióloga e teórica da literatura foi preparado e acompanhado por uma investigação bastante empírica e concreta, "de campo". Antes mesmo de começar minha própria análise, eu me dediquei à observação meticulosa dos dois lados da linguagem: a aquisição da linguagem pelas crianças (gravações e análises das ecolalias, depois dos primeiros fonemas, dos morfemas, da sintaxe etc. no berçário de Censier) e os distúrbios da fala, até da própria capacidade linguageira, na psicose (no hospital La Borde). Na frase de Lacan, enfatizo a conjunção "como". O próprio Lacan falou de "alíngua" em referência à "lalação", às ecolalias, à pré ou à translinguagem. O ser falante está sujeito à influência do código linguístico familiar, e toda língua materna se imprime na organização do "próprio", incluindo o corpo próprio. O inconsciente de meus pacientes russos ou ingleses não é o mesmo quando eles falam comigo em inglês, francês ou russo. Porém, a posição de Freud, para quem o inconsciente é constituído de pulsões, é de uma complexidade que nos cabe desenvolver com os novos dados da semiótica e da biologia: o inconsciente não é só linguagem. Os afetos, as pulsões, as sensações-percepções, essas *entidades da significância* são irredutíveis à linguagem, de que elas constituem o duplo heterogêneo. Eu concordo, nesse ponto, com as posições de André Green, e desenvolvo a heterogeneidade linguagem/pulsão em *A revolução da linguagem poética*. Em minha prática analítica, entendo essas entidades como as facetas heterogêneas da subjetivação: em certos momentos do tratamento, eu as observo em sua especificidade perceptiva, carnal, própria – prazerosa, dolorosa, alucinatória. Chamo a atenção do analisando para essas "experiências vividas" corporais, eu as nomeio por metáforas, figuras, histórias, para interpretar seu impacto inconsciente na transferência/contratransferência. Necessária e inevitavelmente, eu passo pela linguagem para abrir o espaço inter e intrapsíquico para o que não é "linguagem", para a experiência inconsciente, heterogênea em relação à linguagem. Eu conheci uma pessoa muito culta, que se deliciava repetindo que "o inconsciente é estruturado como uma linguagem", e que me confessou ter orgulho de ter feito, nessa perspectiva, uma "análise no nível do supereu"! Não há como se orgulhar de um impasse da linguagem.

[AB] *Você poderia lembrar a distinção que você faz entre o "simbólico" e o "semiótico", de um ponto de vista psicanalítico?*

[JK] Como contraponto ao estruturalismo, que considera o sentido como uma estrutura, eu propus, a partir de *A revolução da linguagem poética*, observar na linguagem uma "significância", um processo dinâmico de subjetivação/dessubjetivação que se constitui na interação de duas modalidades (ou modos) significantes. O *semiótico* é uma primeira codificação das pulsões sob a influência da língua materna, em ritmos, melodias e intensidades, depois em ecolalias de pseudoconsoantes e pseudovogais; anterior à fase do espelho, mais translinguística que pré-linguística, o semiótico engrena (diria Racamier) a coexcitação mãe-*infans*. O semiótico é portador de *sentido* interativo, afetivo e sensorial: sem *significação*. Esta última advém com a constituição da "tese predicativa" (no sentido de Husserl) e do domínio da sintaxe, que já é portadora de "envelopes narrativos"[7] e desencadeia a identificação do sujeito falante no complexo de Édipo. Eu chamo esta segunda modalidade significante de *simbólico*. A distinção *semiótico/simbólico* me permitiu analisar a polifonia da linguagem poética que, precisamente, acrescenta à "mensagem" explícita de um texto (em poesia ou prosa) toda uma polifonia indecidível que recebemos como a "musicalidade" de um "estilo". Mas essa distinção também permite identificar estratos importantes da subjetivação no que é diagnosticado comumente como patologias psicóticas do discurso.

Por exemplo, recentemente tive a oportunidade de fazer uma "Apresentação de Paciente" em Sainte-Anne. Tratava-se de um paciente esquizofrênico, com fugas frequentes, capaz de automutilações e que tinha no histórico uma séria tentativa de suicídio por defenestração. Bem rapidamente, B. "se apresentou" apresentando... a mãe dele. Ele falava como que "no lugar" de sua mãe, citando-a profusamente, reconstituindo uma história dramática que eu sabia que

---

[7] Daniel N. Stern, "L'Enveloppe pré-narrative", *in: Journal de la psychanalyse de l'enfant*, Paris: Bayard, 1993, n. 14, pp. 13-65 e Julia Kristeva, *La Haine et le pardon, op. cit.*, pp. 290-293.

era a sua própria, mas que ele assumia e formulava como sendo a de sua mãe: *ela* cortava o corpo *dela*, *ela* se suicidava, *ela* lamentava ter sido a "ovelha negra" da família em sua infância, *ela* exigia que o filho a "guiasse", o que B. confessava ser incapaz de "digerir" porque forças invisíveis o "dirigiam", sem que ele pudesse fazer outra coisa. Ele também tentava interpretar seu estado de fusão com a "ovelha negra": enfatizando a ausência de seu pai, os conflitos entre irmãos, a intromissão de sua mãe. Eu ouvia um discurso frio e aprendido, como uma reduplicação das palavras dos diferentes terapeutas que tinham explicado o "caso" dele para ele desde a infância, ecoando também as leituras da área que ele tinha feito. B. era estudante de filosofia. Eu também o ouvia falar o francês como uma segunda língua: será que ele era belga, suíço, ou se tratava de uma espécie de fuga, de uma tentativa de soltar-se da "guia" materna, de se "defenestrar" da influência do *abjeto*? B. tinha estudado um ano na Inglaterra. Num momento particularmente intenso de nossa consulta, ele se designou por meio de um diminutivo inglês. Decidi continuar nossa conversa em inglês. E foi um renascimento. B. se animou, seu rosto, até então impassível, se tornou expressivo e sorridente, ele teve coragem de me contar sobre seus conflitos com o irmão, com os professores, e sobre seu desejo de "afastar o mal-estar", de escrever uma tese sobre o "bem absoluto". Visivelmente, ele não queria que a consulta acabasse e perguntava se nós devíamos nos ver novamente.

Um psicanalista que "se faz de morto" não tem lugar no acompanhamento de um esquizofrênico melancólico. A separação, longa, talvez impossível, do *abjeto* materno fixado em *alter ego* psicotizante não pode se dar sem a reabilitação de uma "comunhão semiótica" entre as duas psiques: a do paciente e a do analista. Na consulta com B., essa era a única maneira de "controlar" a mãe "controladora", que o parasitava, e com a qual ele tinha se confundido na figura da "ovelha negra"; "asa negra" com a qual ele não podia pensar junto, da qual ele só podia continuar a fugir ou destruí-la, destruindo-se.

O inglês, a língua estrangeira, era seu "distanciamento" da "ovelha negra" que ela era, que ele era: um espaço de interpretação finalmente próximo – comigo, escapando da língua materna – tornava-se disponível em seu pensamento, na nossa dupla só nossa. Uma translinguagem da esperança na qual ele podia se permitir reaprender a falar e a pensar com uma *outra mãe*, provocar-me, formular seus projetos de "bem absoluto" e até mesmo sugerir a dificuldade dessa esperança reparadora: seu sorriso deixava supor que ele teria falado para mim, talvez, também do "ridículo" dessa reparação se a consulta tivesse se estendido. Paradoxalmente, mas, na verdade, necessariamente, era uma língua estrangeira que o autorizava a refazer um *laço semiótico inominável* e não menos transitivo, transicional, pelo qual ele se sentia existindo, capaz de discutir, de contradizer, de pensar, de rir. Por que "isso" tinha acontecido, mas tinha sido impedido pela ferida de um complexo de Édipo hiperagressivo por causa do divórcio dos pais? Ou por que "isso" não tinha acontecido na língua materna do laço precoce mãe-filho? E que a língua estrangeira, o inglês, lhe dava a oportunidade de um "enxerto" de resseguro narcísico, somente a partir do qual B. podia me encontrar sem angústia catastrófica, mas reinventando estratégias de "matricídio imaginário", a começar pelas mais anódinas e mais pérfidas: a ironia, o riso, a sedução. Como a língua estrangeira dava a B. uma base semiótica sólida, ele encontrava, quase, a flexibilidade narcísica do neurótico.

[AB] *Você diz no seu último livro que "Não sabemos muita coisa da feminilidade como produto apenas do imaginário feminino", falando efetivamente sobre a escassez de pintoras. O que você pode nos dizer a respeito desse imaginário feminino que, talvez paradoxalmente, tanto seduziu Freud?*

[JK] Vou manter em pergunta o enigma, sempre persistente, do "feminino". Eu defendo, como outros e à minha própria maneira, que não seria possível ir em direção à complexidade do "feminino" sem considerar os dois complexos de Édipo que estruturam o sujeito mulher[8].

Eu chamo de "*édipo-linha*" a coexcitação inicial filha-mãe, na qual a experiência sensorial pré-linguística é decisiva: efração e passivação do corpo oco, incluindo a vagina, pelo outro materno; agressão e posse oral, anal, vaginal e clitoriana do outro; finalmente, recalque da excitabilidade e compensação por um superinvestimento psíquico e sensorial do objeto materno, que cria precocemente uma introjeção psíquica e que vai se desenvolver na forma dessa "misteriosa" interioridade da mulher, dependente do objeto, em "vaso comunicante" com ele, fascinante e devorante. Embora o objeto materno transmita imediatamente o laço com o pai, essa dependência precoce da mãe é essencial e diferente na menina, comparada ao menino: porque sua genitora projeta aí muito mais suas próprias fantasias narcísicas e latências

---

[8] Cf. Julia Kristeva, "Encore l'œdipe ou le monisme phallique", *in: Sens et Non-sens de la révolte, op. cit.,* pp. 103-145.

sadomasoquistas e depressivas, em ressonância com os gozos orificiais e sensoriais da menina, que uma prótese fálica (que é o menino). Ou seja, a realidade sensorial do objeto e a presença real da mãe (e, mais tarde, do amante) são exigidas – pela menina – como uma compensação da efração do corpo oco e da introjeção psíquica constantemente em curso. Veja bem, eu não acho que exista um "ser" precoce, pré-objetal e sereno, anterior ao "fazer pulsional", no laço precoce mãe-filho, nem com a menina, nem com o menino. O "feminino puro" e "destilado" de Winnicott é talvez uma fantasia contratransferencial. Aliás, mesmo o filósofo mais atento à "serenidade do ser", como Heidegger, não pensa o feminino desprovido de "negativo", mas, inevitavelmente, "encaixado" no "nada", quando ele não insiste na "malignidade do ser".

Quanto ao "*édipo-duas-linhas*", ele confronta a menina ao que chamo de complexidade do "encontro fálico": identificação com os interditos paternos, integração da Lei, dos códigos sociais, construção do supereu; e, simultaneamente, substituição do objeto materno pelo pai na qualidade de objeto erótico. Falicização e receptividade (mais que passividade) objetal constituem a mulher, a partir daí, certamente como um sujeito da lei fálica, mas como intrinsecamente "estrangeira" à ordem fálica da Lei, porque devedora do *édipo-linha*, do continente "minoico-micênico", segundo Freud, ou seja, da marca sensorial "semiótica". Essa atração inconsciente do materno primário comanda a "bissexualidade psíquica mais acentuada" na mulher, com seus dois sintomas: de um lado, a latência depressiva; de outro, a insatisfação histérica (que teme Hegel, ou saúda, quando ele ressalta no feminino a "eterna ironia da comunidade"). A *feminilidade* vai se elaborar como uma tentativa de aterrar essa dissociação constitutiva do *feminino* entre o *édipo-linha* e o *édipo-duas-linhas*, com o implícito de um "Eu sei, mas ainda assim...": sedução, embuste, ereção do corpo da *girl* (quando não se trata do ser andrógino) em falo mascarando a castração, astúcia, artifício, e até aos "falsos *selfs*" que levam a ver a histérica como uma "*borderline*". Muitas armadilhas nas quais parece cair a clínica moderna, que esquece a histeria em proveito dos "estados-limite". A maternidade pode ser a oportunidade do encontro real com o *outro*, que o *édipo-linha* e o *édipo-duas-linhas* preparam, e que será o *infant* que confere à mulher a fantasia encarnada (no sentido das fantasias kleinianas) de finalmente existir. Certeza efêmera, porém, pois são compelidas a manter a gravidez repetidamente quando a falta de desejo e de objeto não devastam a matrona que desmorona como dona de casa cansada e deprimida. O trabalho psíquico da perlaboração e da sublimação aparece como uma saída possível para esse percurso complexo que especifica o sujeito-mulher, e destina as mulheres a serem as mais numerosas, até as melhores, dos analisandos e dos analistas. Não é certo, em contrapartida, que essas particularidades da psicossexualidade feminina preparem o imaginário feminino a se destacar na pintura. Esta requer um investimento mais do olhar que do invisível, mais do fora que do dentro, mais da agressividade que da reparação. Seria preciso uma forte identidade fálica, como a de Artemisia Gentileschi ou a de Georgia O'Keeffe, e que a evolução da bissexualidade psíquica feminina, como a de Louise Bourgeois, se expresse nas "formas" da arte moderna para que se possa tirar daí, ou não, um *imaginário* especificamente *feminino* e necessariamente evolutivo.

[AB] *Você dedicou três livros ao gênio feminino. Que sentido você dá a essa noção de gênio e, mais particularmente, de gênio feminino? O que determinou a escolha de Colette, Hannah Arendt e Melanie Klein?*

[JK] Eu faço uma distinção entre, por um lado, o "encontro genial originário" que os gregos e romanos comemoravam (imaginando um *daimon* ou um gênio, espírito divino que preside o nascimento de cada um), cristalizado na *eleição* judaica e na *ecceitas* ou singularidade cristã, considerada, por fim, pela psicanálise, como uma criatividade específica de cada sujeito e, por outro lado, seu deslocamento ou sua metonímia secularizada no gênio dos "grandes homens" que se impõe desde o humanismo renascentista até o romantismo. As incertezas da secularização na nossa época reabrem essa problemática recorrente de uma maneira nova. As ruínas do continente ontoteológico, decretado desaparecido muito rapidamente, nos aparecem cada vez menos como "letras mortas" e cada vez mais como laboratórios de células vivas cuja exploração permitiria esclarecer as aporias e os impasses atuais. Como não há nem destino sagrado, nem pouso romântico da divindade, estaríamos condenados a ser meros números banalizados, "diferentes" digitalizados?

Diante da banalização dos discursos, do colapso da autoridade, da especialização técnica dos saberes que torna incomunicável sua excelência e da avalanche de necessidades ávidas de sedução-satisfação-anulação, a palavra "gênio" permanece como uma hipérbole que desperta a nossa capacidade de espanto: esta última desencadeia o pensamento. Então eu retomo a palavra "gênio", mas tento tirá-la de sua inflação romântica. E, colocando provisoriamente entre parênteses a ideia dos "grandes homens" sobre a qual pondera

Hegel (voltarei a isso mais tarde), eu retomo sua arqueologia, seu sentido de antes da fetichização renascentista. Nos três volumes do *Gênio feminino* – Arendt, Klein, Colette –, convém entender o "gênio" a partir da singularidade amorosa que o cristianismo descobriu e que, depois, teve desenvolvimentos imprevisíveis, tanto no que se chama de história das artes e das letras quanto na descoberta freudiana do inconsciente. Ainda tomada de invisibilidade e, entretanto, em curso, é, a meu ver, a descoberta freudiana do inconsciente, relida por Lacan, que permite repensar a obra da significância, através do amor, na singularidade da aventura humana. Ela abre, assim, uma nova página da "filosofia da imanência" (que vou associar, como o faz Yirmiyahu Yovel, a Spinoza[9]), que permite retomar de outro modo a velha questão da singularidade e do gênio que interessa à nossa conversa de hoje. A finalidade do tratamento não seria, precisamente, revelar ao analisando sua singularidade específica, favorecendo, assim, a criatividade, que parece ser o melhor critério para o fim da análise?

Os três volumes do *Gênio feminino* se inserem na sequência do que os precedem e também devem ser lidos como uma resposta ao feminismo massificador. O que é isso? Ao eliminar a questão do *ser* para substituí-la pela segurança de um pertencimento ("*como* ser"), "massificaram" as mulheres como se unificou em outros tempos a "massa" dos burgueses, do proletariado, do Terceiro Mundo etc. Contra esse mito massivo de "todas as mulheres" agrupadas na "comunidade das mulheres", eu me coloco a questão de sua *singularidade* (as *ecceitas* segundo a proposição de Duns Scot), e a analiso concretamente em Arendt, Klein e Colette[10]. Então, me apropriei do termo provocativo de "gênio" para dar a entender que eu sou uma "feminista"... "scotista". Na vida e na obra dessas três mulheres, identifico primeiramente alguns traços específicos da psicossexualidade feminina em geral. Longe de ser tão narcísica como dizem, e sendo até muito menos narcísica que um homem, uma mulher se constrói de imediato numa relação com outrem: viver é viver do e para o outro, inclusive e especialmente quando é impossível e traumático. Raramente fechada nos palácios obsessionais do pensamento puro, pensar é, para ela, inseparável da sensorialidade carnal. A dicotomia metafísica corpo/alma é, nesses três gênios femininos, insustentável: elas prodigam o pensamento como uma satisfação física, *eros* é, para elas, indissociável de *ágape*. Seu tempo é assombrado pela

---

[9] Cf. Yirmiyahu Yovel, *Spinoza et autres hérétiques*, Paris: Seuil, 1991.

[10] Cf. Julia Kristeva, *Le Génie féminin – Hannah Arendt*, op. cit.

preocupação com a finitude sem ser uma corrida para a morte e, no entanto, ele se acalma no milagre da natalidade, da eclosão. "Renascer [...] nunca esteve acima de minhas forças"[11], essa exclamação exagerada de Colette evoca não somente a capacidade de adaptação da mulher, mas a flexibilidade psicossomática da maturidade que uma mulher atinge depois de ter atravessado os obstáculos da reivindicação fálica e da inveja. É principalmente a realização *específica* desses traços comuns que me interessou em Arendt, Klein e Colette, para convidar minhas leitoras a não serem "como", mas a se descobrirem incomparáveis. O gênio incomensurável apenas se realiza nos riscos que cada um é capaz de correr, questionando seu pensamento, sua linguagem, seu tempo e cada identidade (sexual, nacional, étnica, profissional, religiosa, filosófica...) que se abriga ali.

[AB] *Agora, sobre religião, você parece seguir um caminho análogo ao de Freud, geralmente muito trabalhado por ele, partindo da questão da pulsão e da neurose individual e levando-o, ao longo de sua pesquisa, ao mal-estar na civilização. Você estaria de acordo com minha leitura de seu capítulo sobre isso em seu último livro?*

[JK] Com certeza. E eu retomei recentemente essa problemática na ocasião de um simpósio com psicanalistas da Universidade de Columbia e da International Psychoanalytical Association (IPA) sobre *O pai morto*. A criação de um Standing Interdisciplinary Forum: Psychoanalysis, Belief and Religious Conflicts foi considerada em seguida, em Jerusalém, pela Sociedade Psicanalítica de Israel e pelo Departamento de Psicanálise da Universidade Hebraica de Jerusalém, com a participação de psicanalistas, historiadores das religiões, filósofos, escritores, artistas, biólogos e físicos, e, um dia talvez, teólogos, em torno do questionamento aberto pela psicanálise... Alguns crentes, e não dos menos importantes, começam a pensar que a hermenêutica e a psicanálise trazem algumas elucidações ao tema "Deus" que podem interessá-los... Com Freud, nos atrevemos a dizer que "deus" é analisável... Isso está começando a pegar.

---

[11] Colette, "La Naissance du jour", *in: Oeuvres Complètes*, v. 3, Paris: Gallimard, 1991, p. 349.

[AB] *Quais foram as grandes figuras da psicanálise que mais a influenciaram?*

[JK] Depois de Freud, Melanie Klein, Winnicott e Lacan, é claro. E eu aprendi muito na minha supervisão com André Green.

[AB] *A psicanálise tem sido muito atacada nos últimos tempos. O que você diria a esses críticos para defendê-la? Qual é, para você, o futuro da psicanálise?*

[JK] Discussões abertas com os neurobiólogos, como as que tínhamos começado a realizar no grupo da Salpêtrière com Daniel Widlöcher e Pierre Fédida; e no Centre du Vivant na Universidade Paris 7 Denis-Diderot. Interpretações ativas e públicas em relação a "tópicos correntes": parentalidade, reprodução assistida, maternidade da mulher moderna, religiões. E, sobretudo, não nos deixarmos levar por debates com críticos maliciosos e revisionistas, mas destacar nossos progressos.

[AB] *As discussões atuais sobre o respectivo lugar da psicanálise em relação ao que se chama de psicoterapia psicanalítica suscitam em você algum ponto de vista que você gostaria de desenvolver aqui?*

[JK] O artigo 52 da lei relativa ao uso do título de psicoterapeuta exige a necessidade de uma formação teórica e prática em psicopatologia clínica. Eu aprovei, e defendi perante as instâncias decisórias, a proposta da Sociedade Psicanalítica de Paris de alterar o texto da lei, especialmente na formulação do conteúdo específico dos programas dos *masters* das universidades. Essa formulação deveria, sem dúvida, apresentar a psicanálise como uma abordagem distinta das psicoterapias sistêmica, cognitivo-comportamental e integradora. Ela corresponde à necessidade de afirmar o lugar da psicanálise nas universidades, considerando a existência das diferentes psicoterapias que atendem à demanda social e a necessidade de deixar para as sociedades de psicanálise uma formação rigorosa em clínica psicanalítica.

[AB] *Seu livro* Sol negro, *publicado em 1987, traz um esclarecimento essencial sobre a depressão. Seu olhar sobre esse tema mudou?*

[JK] Eu não mudei a posição teórica do problema, e não tenho nada a acrescentar nem às minhas observações clínicas, nem à minha análise da relação depressão/sublimação. Entretanto, serei provavelmente levada a desenvolver o fundo depressivo de algumas perversões, principalmente na passagem mortal ao ato que ameaça a homossexualidade masculina ou feminina inconsciente, recalcada ou reprimida.

[AB] *A pedido do Presidente da República, você preparou um relatório sobre deficiências e publicou uma carta aos cidadãos deficientes*[12]. *Você poderia nos dizer o que determinou esse engajamento e que conclusões você pode tirar desse relatório?*

[JK] A palavra de uma psicanalista, mulher e mãe se revelou necessária quando o "terreno republicano" sobre a exclusão de pessoas com necessidades especiais foi confrontado com a necessidade de "mudar o olhar" da opinião pública: para considerar esses homens e mulheres não como "objetos" tomados de "privação", mas como sujeitos suscetíveis de criatividade, sejam quais forem as suas limitações, e, consequentemente, como *sujeitos políticos* de pleno direito. Depois dessa primeira etapa de meu compromisso como presidente do Conseil National du Handicap (Conselho Francês de Deficiência), deixei a presidência efetiva, mas sempre tento desenvolver um discurso menos político, mais analítico, sobre a criatividade, especificamente, do sujeito vulnerável, no cruzamento da biologia e do sentido, e mais particularmente no campo das psicoses e dos distúrbios sensório-motores. Essa clínica da dependência, aliás, também está presente em muitos aspectos de meus trabalhos teóricos e semióticos do início. Será preciso muito tempo e esforço da parte de todos – pais, poder público e opinião pública – antes de poder tirar conclusões sobre um assunto tão complexo como o das "deficiências", que nos confronta, para além da prova narcísica e de castração, com a angústia diante da morte, conjugada à das limitações da espécie.

---

[12] Julia Kristeva, *Lettre au président de la République sur les citoyens en situation de handicap, à l'usage de ceux qui le sont et de ceux qui ne le sont pas*, Paris: Fayard, 2003.

Falar em psicanálise:
os símbolos da carne e do retorno

"Qual é a fala na psicanálise?". Deliberadamente, permito-me reformular assim a tarefa dos dois debatedores do colóquio[1] "A cura pela fala"[2]; pois é justamente a esta questão que eles respondem quando, longe de se contentar com o discurso metapsicológico o qual está se tornando, infelizmente, o código secreto da psicanálise, eles colocam a teorização da "fala em análise" dentro do vasto campo dos "estudos da mente", solicitando também um *novo retorno* a Freud, que nos permite diferenciar melhor a fala, em psicanálise, do "inconsciente cognitivo" ou da "desconstrução filosófica". Eles contribuem para tornar este encontro tradicional um verdadeiro evento epistemológico que só poderia acontecer no seio da psicanálise francesa e francófona. Deixem-me explicar.

O que chamamos de "carne"?

Com a fenomenologia, depois com a semiologia, quando essas duas disciplinas sabiam dar ouvidos à descoberta freudiana do inconsciente – mas também ao "alegre saber" da linguagem trazido pelos "grandes escritores" modernos –, uma revolução estava, ainda está, em andamento na compreensão do que quer dizer "fala". Trata-se de atravessar a superfície do objeto "linguagem", feito de signos (palavras) e de sínteses predicativas (lógica, gramática), para

---

[1] Refiro-me ao *Congrès des psychanalystes de langue française* [Congresso dos psicanalistas de língua francesa], ocorrido em Paris de 17 a 20 de maio de 2007.

[2] Dominique Clerc-Maugendre, "L'Écoute de la parole", *in: Revue Française de psychanalyse*, Paris: 2007, v. 71, n. 5, pp. 1285-1340 e Laurent Danon-Boileau, "La Force du langage", *ibidem*, pp. 1341-1409.

considerar o que Husserl chamava de *hylé*, a matéria deixada de fora do "entre parênteses" no ato de significar. Merleau-Ponty realizou esse deslocamento ao buscar um estado "pré-reflexivo" do pensamento que expandisse a comunicação com o mundo (com o Ser), no cruzamento da natureza e do espírito, uma "passagem do mundo mudo para o mundo falante", descrita assim pelo filósofo: "o mundo visto não está 'em' meu corpo, e meu corpo não está no mundo visível [...], carne aplicada à carne, o mundo não a envolve, nem é envolvido por ela [...]; há inserção recíproca e entrelaçamento de um a outro"[3]. A "carne" assim definida como um "quiasma"[4] entre o eu e o mundo iria conduzi-lo à sua *Fenomenologia da percepção*[5]. Mas a percepção/sensação[6] só poderia se introduzir nas ciências da linguagem quando estas começassem a se construir em torno do "sujeito da enunciação" e, *a fortiori*, em torno do sujeito da enunciação trabalhado pelo inconsciente.

Então, quando Émile Benveniste, o primeiro linguista a escrever "Observações sobre a função da linguagem na descoberta freudiana"[7], se interessou pelo "sentido oposto das palavras primitivas", não foi de forma alguma para validar as especulações etimológicas de Carl Abel – nas quais Freud tinha procurado uma justificativa para a sua descoberta, segundo a qual o inconsciente ignora a negação. O artigo de Benveniste recorda que a

---

[3] Maurice Merleau-Ponty, *Le Visible et l'invisible, op. cit.*, pp. 182-184.

[4] Cruzamento de termos no qual os elementos de grupos paralelos são invertidos, seguindo a estrutura AB/BA. Ex.: a carne do mundo/o mundo da carne.

[5] Maurice Merleau-Ponty, *Phénoménologie de la Perception*, Paris: Gallimard, 2001. Essa volta moderna do termo "carne" nos remete à sua tradição grega; para começar, a carne, *sarx*, está ligada às sensações: Sexto Empírico (*Contra os eruditos*, VII, 290) postula que a "massa carnal" é a sede das sensações; Platão atribui o desejo ao corpo, *soma* (*Fédon*, 82), mais "figurável", como demonstrará o *corpus* latino; mas Epicuro retorna à ideia do "prazer segundo a carne": a carne aspira a um prazer infinito, que só a razão (*dianoia*) pode limitar. O judaísmo não parece exterior a essa associação epicurista, que, no entanto, explora à sua maneira. A carne, *basar* ou *scherr*, representa na Bíblia a natureza mortal do homem suscetível de pecado, na medida em que a luta entre a carne e o espírito seja desenvolvida. É do Novo Testamento que herdamos a noção ambígua da carne, corpo doente, fraqueza do conhecimento, sujeira eventual que, de acordo com Paulo, todavia, é a condição corporal indispensável a assumir para realmente participar da mensagem de Cristo – para crer em verdade. Eu uso o termo "carne", na sequência, segundo Merleau-Ponty, desenvolvendo-o a partir de um olhar psicanalítico.

[6] Não vou discutir aqui a distinção entre *sensação* (reflexo na consciência da realidade exterior devido aos órgãos dos sentidos) e *percepção* (sua representação consciente).

[7] Émile Benveniste, "Remarques sur la Fonction du langage dans la découverte freudienne", *in*: *Problèmes de Linguistique générale*, v. 1, Paris: Gallimard, 1966, pp. 75-90.

mesma palavra não tem dois "sentidos" opostos, mas duas "percepções" do mesmo sujeito da enunciação quando ele se desloca no espaço[8]. Essa análise sugere que existem línguas primitivas das quais podem ser encontrados vestígios nos códigos de comunicação atuais – que, como o do sonho e do inconsciente (o do Isso e não das representações inconscientes), veiculam quase-signos sensoriais. O passo fora dado para incluir no objeto "linguagem" a sensação-percepção de um "agir" pré ou translinguístico do sujeito falante.

A teoria linguística de Antoine Culioli aprofundaria essa perspectiva ao retomar a velha noção dos estoicos gregos, o *lekton* – esquecido pelo "signo" de Saussure – isto é, o *significável*. Na verdade, o signo linguístico[9] não se refere a um referente-objeto opaco, mas, através dele, a um conjunto aberto constituído de sensações-afetos-pulsões que manifestam a negociação consciente/inconsciente requerida no *ato de significar* do sujeito. Essa abordagem lembra o modelo freudiano do signo, ou seja, representações de palavras *versus* representações de coisas[10], desde que se acrescente que, em psicanálise, a "coisa" inconsciente nunca é "em si", mas é coisa de desejo, portanto, de "enação"[11] (de agir): a "representação de coisa" é contextualizada e acional e, consequentemente, ela se dá de maneira imediata num "envelope pré-narrativo", no sentido de Daniel Stern[12]. O linguista descobre, então, que a própria língua pode funcionar como uma articulação predicativa de quase-signos e de micronarrativas que não se contentam em ser metáforas, mas desencadeiam uma experiência sensorial "mais-que-metafórica" – eu diria metamórfica. O "significável" será uma mistura de sensações, afetos e memória cultural: por exemplo, "nivelado por baixo", "o sono alimenta" ou "ter o olho maior que a barriga". De onde criar o encanto, a magia desse laço identitário que é a língua

---

[8] Ele está *no alto* da escala quando diz que um poço é *fundo*; e *na parte inferior* da escala quando designa sua *altura*.

[9] Saussure o reabilita primeiramente de maneira restritiva, em significado-significante, que deixa de lado o *referente*, e em seguida de modo mais atento ao inconsciente, pela rede cabalística dos "anagramas".

[10] Cf. Julia Kristeva, "Les Métamorphoses du langage dans la découverte freudienne", *in: Sens et Non-sens de la révolte, op. cit.*, pp. 71-140, e "L'Impudence d'énoncer: la langue maternelle", *in: La Haine et le pardon, op. cit.*, p. 402.

[11] Concordo, nesse ponto, com Daniel Widlöcher no texto "Psychanalyse de l'Instant", *in: L'Inactuel*, Paris: Calmann-Lévy, 1994, n. 2, pp. 75-88.

[12] Daniel N. Stern, "L'enveloppe pré-narrative", *in: Journal de la psychanalyse de l'enfant, op. cit.* e Julia Kristeva, *La Haine et le pardon, op. cit.*, pp. 290-293.

dita materna ou nacional, mas também seu poder de subjugação, duplo de fascínio e horror[13].

O significável, levado à metamorfose alucinatória (cujo sujeito falante porta os traços mnêmicos onto e filogenéticos), torna-se – por intermédio da linguagem – uma metaforicidade codificada e transmissível no sistema da própria língua. Mas é no que nossa cultura recebe como um "estilo literário" que a metaforicidade encontra sua máxima expansão. Aqui, a "simultaneidade dos rastros mnésicos sensoriais e verbais" próprios aos quase-signos (sentido-e-sensação) age de maneira surpreendente, desafiando os clichês do código nacional. Assim acontece na passagem de "A cabra do Senhor Séguin"[14], que interessou a René Diatkine e Laurent Danon-Boileau: "De repente, o vento refrescou, a montanha ficou violeta. Era noite". Nela, o sujeito falante não existe, pois Blanchette é anulada pela angústia, são as *sensações* do mundo exterior no qual ela se projeta que requerem – do leitor – os *afetos* de inquietação, perigo, medo. A metáfora metamorfoseia o leitor, situando-o no quiasma entre o mundo exterior e o sentido interior: na "carne do mundo".

Nosso debatedor tem razão em insistir: não se trata aqui somente de um arranjo de palavras, mas de uma condensação de rastros mnésicos que devem ser breves[15], mesmo que essas "brechas" na cadeia significante possam se encadear infinitamente – como nas frases e filigranas de Proust.

Baudelaire, que se afeiçoava às sinestesias[16], comentou de modo brilhante essas oscilações do *signo* na *sensação* e, através dela, na *dessubjetivação* – sob efeito do haxixe, do vinho ou simplesmente, por assim dizer, do ato sublimatório chamado de "inspiração". Por exemplo: "Seu olhar se fixa numa árvore [...] o que seria, no cérebro de um poeta [subentendido: medíocre], apenas uma comparação muito natural, torna-se, no seu, uma realidade. Primeiro você dá à árvore suas paixões, seu desejo e sua melancolia; os gemidos e as

---

[13] Não estamos longe da "nostalgia" de Laurent Danon-Boileau (Cf. "La Force du langage", *in: Révue Française de psychanalyse, op. cit.*, pp. 1341-1409).

[14] Alphonse Daudet e Paul Arène, "La Chèvre de monsieur Seguin", *in: Alphonse Daudet, Lettres de mon moulin*, Paris: Hachette, 2003.

[15] A brevidade tem valor de revelação, como já sabia Heráclito, e escrevia: "Os oráculos não falam, nem escondem, mas sinalizam". Cf. Émile Benveniste, *Problèmes de Linguistique générale*, v. 2, Paris: Gallimard, 1974, p. 229.

[16] Permutações e substituições recíprocas dos cinco sentidos entre si.

oscilações dela tornam-se seus, e logo você é a árvore"[17]. Eu não escrevo metáforas, eu lhes transmito metamorfoses, insiste substancialmente Baudelaire. Daniel Widlöcher retoma o termo: "O passado da psicanálise não se inscreve no tempo, mas num sempre-aí, num universo infinito de metamorfoses"[18].

Concordo com ele. Quando a criança autista não sabe o que fazer diante de uma poça d'água, ela *não elabora uma metáfora: ela aciona uma metamorfose* no quiasma sensorial entre um não-eu e o não-mundo. Ela está com falta de signos, em carência de "ternariedade simbólica". Ela está na carne pré-subjetiva que Merleau-Ponty chama de "carne do mundo".

Em contrapartida, quando o analista "verbaliza" a imersão na carne do mundo por uma metáfora (pensando e dizendo que a "poça" é sentida pelo autista como sua inquietude inominável), o autista poderá – talvez, pouco a pouco, por força da transferência de sua sexualidade infantil ao seu terapeuta, e se seu "tipo de autismo" lhe permite ouvir a interpretação – encaminhar-se ele mesmo na direção de uma experiência de quase-signos.

Quanto ao escritor, de quem examinamos "o poder da linguagem", "ele tem sucesso onde falha o autista"[19]. Ele viveu "metamorfoses" à maneira autista[20] – estou pensando no narrador de Proust envolvido pelo cheiro dos lilases num mictório público ou na "matéria fremente e rosa"[21] de um vitral. O escritor, no entanto, consegue formular essas intensidades sensoriais na forma de metáforas, que ele chama de "transubstanciações"[22] (termo "sacro" emprestado da missa católica). Elas se realizam através da estrutura narrativa que abriga ou se deixa dividir pelos *insights* da "coisa inconsciente" na qual – como na associação livre do tratamento analítico – as sensações compactadas no agir pulsional transitam pelo envelope narrativo. O episódio da *"madeleine"* – nos primeiros esboços, a saborosa *"madeleine"* era apenas um "bolinho" seco – é sobredeterminado por um cruzamento de vários fios narrativos[23]: uma cena

---

[17] Charles Baudelaire, "Le Poème du haschisch", in: *Les Paradis artificiels*, v. 1, Paris: Gallimard, 1975.

[18] Daniel Widlöcher, "Psychanalyse de l'Instant", *op. cit.*, p. 88.

[19] Cf. Julia Kristeva, *Le Temps sensible, op. cit.*, p. 294.

[20] No sentido do "autismo latente e endógeno" de que fala Frances Tustin em *Le Trou noir de la psyché*, Paris: Seuil, 1989.

[21] Marcel Proust, "Le Temps retrouvé", in: *À La Recherche du temps perdu, op. cit.*, p. 449.

[22] Cf. carta a Lucien Daudet de 27 de novembro de 1913, in: *Correspondance de Marcel Proust (1880-1922)*, v. 12, Paris: Plon, 1984, pp. 342-343.

[23] Cf. Julia Kristeva, "À La Recherche de la Madeleine", in: *Le Temps sensible, op. cit.*, pp. 13-36.

de leitura, a mãe do narrador, um romance de George Sand, no qual a mãe incestuosa se chama *Madeleine*, e até o ritual secretamente codificado dos homossexuais da época que, para profanar a comunhão católica, degustavam biscoitos molhados na urina denominado "*du thé*" (chá) na gíria dos mictórios públicos da época.

Pensemos também em Colette: "nós" não nos lembramos das intrigas de suas narrativas, histórias banais de ciúme e adultério, mas guardamos na memória o "efeito violento" (para falar como Danon-Boileau), o impacto sensorial de suas metáforas-metamorfoses que nos deslocam do estrato do signo linguístico para a sensação do objeto evocado, para o prazer experimentado no contato com seu cheiro ou sua cor, e que se tornam "indícios" do afeto de solidão e de desespero: "Rosa negra, compota de odores"[24]. "Agora eu sou essa mulher solitária e direita, como uma rosa triste que, por ser desfolhada, tem o porte mais firme e forte"[25]. Você ouve, e a insistência nas aliterações favorece a ruptura do contrato abstrato entre "significante" e "significado", e desinibe o afluxo da memória sensorial e afetiva[26].

Mas é Artaud que, a partir da psicose, insiste no fato de que a fina película das próprias sensações é contígua a uma turbulência pulsional mais rebelde: "Os sentimentos não são nada/ tampouco as ideias/ tudo está na motilidade/ de que, como o resto, a humanidade só pegou um espectro"[27].

As conceituações freudianas sobre o trilhamento do traço mnêmico em "Uma nota sobre o bloco mágico" (1925), os trabalhos de Derrida sobre a escrita – "traço" ou "impressão" anterior à linguagem verbal[28] –, os de André Green

---

[24] "Rose noire, confiture d'odeur". Colette, "Fleurs" e "La Treille muscate", *in:* "Prisons et Paradis", *Oeuvres Complètes*, v. 3, *op. cit.*, p. 699.

[25] "Je suis désormais cette femme solitaire et droite, telle une rose triste qui, d'être effeuillée, a le port plus fort". Colette, *La Naissance du jour*, Paris: Flammarion, 1984, p. 66.

[26] Cf. Julia Kristeva, "Écrire: les Vrilles de la vigne", *in: Le Génie féminin – Colette*, t. 3, Paris: Gallimard, 2004, pp. 107-166.

[27] "Les sentiments ne sont rien/ les idées non plus/ tout est dans la motilité/ dont comme le reste l'humanité n'a pris qu'un spectre", *in:* "Note pour une lettre aux Balinais", citado por Julia Kristeva *in: La Révolution du langage poétique, op. cit.*, pp. 154-155.

[28] Jacques Derrida, *L'Écriture et la différence*, Paris: Seuil, 1967, p. 103. Derrida fala do rastro como uma arquiescrita, "primeira possibilidade da fala", e também primeira possibilidade da grafia. Cf. também do mesmo autor a obra *Mal d'Archive. Une impression freudienne*, Paris: Éditions Galilée, 1995.

sobre a "heterogeneidade" do significante baseado na pulsão[29], e outros que não posso retomar aqui, vêm à mente para nos ajudar a interpretar esses avanços, sejam eles literários ou clínicos, no *substrato sensorial da linguagem* como relé entre *signos* e *pulsões*. Eu acrescentaria minhas próprias pesquisas sobre o "semiótico" translinguístico (que distingo do "simbólico", o qual advém com a aquisição dos signos e da sintaxe): o modo "semiótico" da linguagem condensa e desloca trilhamentos pulsionais que metamorfoseiam os afetos subjetivos em narrativas das experiências sensoriais dessubjetivadas, até pré-psíquicas[30].

Como esses encontros entre a experiência clínica dos analistas e algumas abordagens modernas da linguagem se enquadram nos modelos da linguagem segundo Freud? Ou, melhor ainda, como eles se deixam modificar pelos modelos da linguagem segundo Freud?

Três modelos de linguagem segundo Freud

Digo justamente "modelos" porque distinguem-se pelo menos três[31]:

- o modelo da assíntota;
- o modelo otimista;
- o modelo da significância que sustenta a linguagem e se revela acessível através dela na transferência.

Um *primeiro modelo*, que começa em *Sobre a concepção das afasias* (1881) e *O nascimento da psicanálise* (1885), constata a inadequação, o desequilíbrio entre o sexual e o verbal. A sexualidade não pode ser dita – toda. E essa *assíntota* induz, senão a uma ausência de tradução, ao menos a uma tradução falha entre as representações inconscientes dos objetos (que se tornarão *representações de coisas*) e as das palavras (*representações de palavras*). Essa falha gera sintomas, que

---

[29] André Green, *Le Discours vivant*, Paris: PUF, 1973, pp. 227-250, especialmente a p. 239. André Green opõe a língua dos linguistas, sistema formal que une elementos homogêneos, à linguagem dos psicanalistas, constituída por uma heterogeneidade do significante, apoiada na teoria freudiana da pulsão e seus representantes (afeto/representação).

[30] Cf. *Ibidem*, pp. 17-100 e "La Narration en psychanalyse", *in: La Haine et le pardon, op. cit.*, pp. 283-314.

[31] Cf. colóquio organizado por Julia Kristeva, Daniel Widlöcher e Pierre Fédida em 1994, "Actualité des modèles freudiens: langage, image, pensée", *in: Revue internationale de psychopathologie*, Paris: PUF, 1995, n. 2.

necessitam, para a sua percepção, de um intermediário – uma outra linguagem: o "falar em psicanálise", precisamente. Eu gostaria de insistir na heterogeneidade[32] inerente a esse "primeiro modelo da linguagem" que Freud desenvolveria mais tarde com a teorização da *pulsão* e de sua *figurabilidade*.

O modelo psicanalítico que chamo de *otimista* surge com a implementação do tratamento-poltrona/divã e sua regra fundamental da "associação livre", e é formulado claramente em *A interpretação dos sonhos* (1900). É próximo da concepção estrutural da linguagem, e é nele que Lacan irá se basear. Com a ressalva de que a abordagem estruturalista da linguagem em psicanálise vai, curiosamente, ignorar essa necessária inovação freudiana. Porém, o convite feito ao paciente para fornecer uma *narrativa* modifica de maneira profunda a concepção clássica da linguagem: é justamente essa representação do *agir* e/ou de seu substrato inconsciente, que é a fantasia, e não os *signos* e a *sintaxe*, que permite essa modificação. O que acontece? Pelo fato de veicular "desde o princípio" fantasias ("envelopes pré-narrativos"), a linguagem é carregada de um significável que as ciências da linguagem ignoram: ela é carregada de *desejo* e de *pulsões*. Freud dirá que a linguagem é "pré-consciente"[33], o que implica – desde *A interpretação dos sonhos* – que ela é uma linguagem de "contato", como afirma o argumento de Dominique Clerc.

Datarei em 1912-1914 uma virada no pensamento freudiano que altera profundamente sua concepção de linguagem e dá início a um "terceiro modelo": com *Totem e Tabu* (1912), "Para introduzir o narcisismo" (1914), "Luto e melancolia" (1917), diante das resistências à análise, ao introduzir a pulsão de morte, "Além do princípio do prazer" (1920) e *Moisés e o monoteísmo* (1939).

Dois aspectos desse terceiro modelo interessam ao "falar em psicanálise": por um lado, a *fluidez* das instâncias tópicas que favorece tanto resistências e catástrofes quanto remodelações psíquicas; por outro, e como que otimizando essa fluidez, a preocupação de Freud em centralizar a escuta e a interpretação na análise da *função paterna*, em particular de sua fragilidade insustentável. Esquecendo – ou subestimando – a enorme tenacidade da vocação materna; mas este será tema de outro colóquio.

---

[32] Construí minha concepção da heterogeneidade própria ao "falar em psicanálise" apoiando-me no dossiê "hétérologie" de Georges Bataille *in:* "Oeuvres Complètes", v. 2, *in: Oeuvres Posthumes (1922-1940)*, Paris: Gallimard, 1987, p. 171. Cf. também essa noção em André Green, *Le Discours vivant, op. cit.*, p. 139.

[33] Sigmund Freud, "Le Moi et le Ça", *in: Essais de Psychanalyse*, Paris: Payot, 1951, p. 187.

O Eu, escreve Freud em "O Eu e o Isso", é composto de *traços verbais* e de *percepções*, as "percepções são para o Eu o que as pulsões são para o Isso"[34]. Essa copresença da percepção e da verbalização se coloca, a partir de então, como uma "região", uma "circunscrição" fronteiriça entre o *Isso* (inconsciente profundo) e o *Supereu* (consciencial) e, por conseguinte, como o objeto por excelência do tratamento. Como o objetivo da interpretação é fazer advir o Eu lá onde estava o Isso, entende-se que a fala no tratamento supõe *transformar em percepção/verbalização* os traços mnêmicos indizíveis somente da "coisa única", mais ou menos traumática, mas que poderá se modular na transferência edipiana favorecida pelo tratamento. A teoria e a prática freudianas implicam também, substancialmente, o fato de que a interpretação analítica será sempre uma formulação em relação ao Édipo, que não se deve confundir com uma formulação redutível ao Édipo. Da carne aos signos, ou *vice-versa*, e porque ele aprofunda sua análise da função paterna, Freud continua colocando os limites, mas também as aberturas-passagens-porosidades, no processo da significância.

Que "falar em psicanálise" seja capaz – indefinidamente – de chegar às pulsões via sensações; Freud parece pensar nisso até as últimas palavras de seu último apotegma (1938) referente à mística: "Misticismo: obscura autopercepção do reinado, além do Eu, do Isso"[35]. Esta declaração deve ser relacionada à frase das *Novas conferências* (1932): "A percepção pode apreender (*Erfassen*) relações no Eu profundo e no Isso"[36]. Vejamos: o que distingue o tratamento psicanalítico da brecha mística é que – entre os místicos – o *Eu* desapareceu em proveito do *Isso* que se autopercebe. O *raptus* ou arrebatamento místico se atém ao percebido (visão), que opera uma laceração *instantânea* ("psicanálise do instante", escreve D. Widlöcher) na verbalização; e ele deixa a coisa percebida, bem como a pulsão subjacente, agirem em silêncio, antes que Eros faça novo ruído, conduzindo o místico a inventar uma linguagem, uma escrita. Em vez disso, a análise é um *evento processual*, temporal e interativo, construindo/desconstruindo continuamente o laço edipiano.

---

[34] *Ibidem*, pp. 226 e 210.

[35] "Mystik die dunkle Selbstwahrnehmung des Reiches ausserhalb des Ichs, des Es". Sigmund Freud, nota de 22 de agosto de 1938, *in*: "Schriften aus dem Nachlass", *Gesammelte Werke*, v. 17, Londres: Imago, 1946; cf. também do mesmo autor *Résultats, Idées, problèmes*, v. 2, Paris: PUF, 1985, p. 288.

[36] *Idem, Nouvelles Conférences d'introduction à la psychanalyse*, Paris: Gallimard, 1984, p. 110; cf. também a 31ª aula intitulada "La Décomposition de la personnalité psychique", *in*: *Oeuvres Complètes*, v. 19, Paris: PUF, 1995, p. 142.

Pergunta: qual é o *escoramento especificamente psicanalítico* que distingue a "fala em psicanálise" do arrebatamento estético ou místico?

Há sentido (simbólico), e é o complexo de Édipo que constitui seu escoramento inter e intrapsíquico, que revela substancialmente o tratamento analítico a seu analisando. Mas o sentido (o simbólico), e o Édipo com ele, não é nem um imperativo transcendental, nem uma norma absoluta. Podemos desconstruí-los e renová-los, analisando a lei e o amor na transferência-contratransferência. Sem outro roteiro além da capacidade, adquirida nessa experiência, de abrir a linguagem para os seus duplos heterogêneos (semióticos), sensação e pulsão, até a carne. O complexo de Édipo assim entendido, por meio do esquema comportamental, como um devir sempre inacabado da identidade falante, cercado de catástrofes, colapsos e renascimentos, revela ser uma formidável expansão do campo da fala: um *processo da significância* a ser reconstruído de maneira infinita. E é justamente esse *trágico* (que não é muito lembrado) *destino edipiano* do *Homo sapiens* que estrutura a *ética da psicanálise* esboçada por Freud no final de sua vida (*Análise terminável e interminável*, 1937), ao mesmo tempo que subentende *a escuta* e *a interpretação analítica*. Também é ele que nos ajuda a distinguir a mística da psicanálise; pois é desconstruindo o Édipo na transferência-contratransferência que a análise faz da linguagem não um sistema de defesa (como exigido pelo obsessivo, como preconizado pelas convenções sociais), nem apenas – raramente – uma graça metamórfica (como querem o poeta e o místico), mas uma experiência de reconstrução psicossexual, que subentende a curiosidade psíquica e o desejo de saber. Os dois debatedores mostram, de fato, como as contingências da transferência edipiana são a "via soberana" que continua a fazer da linguagem o campo privilegiado e a ferramenta primeva da psicanálise, inclusive no acompanhamento do autismo. Desde que se abram a escuta e a interpretação à heterogeneidade da significância, falar em psicanálise pode ser eficaz, o que, frequente e precipitadamente, costuma-se recusar.

Assim, diante do discurso da paciente Ada, saturado de sensações que não chegam a se desprender de sua "violência e poesia", diante da defesa nostálgica que lhe barra o acesso ao processo autoanalítico e exige da análise uma sedução que "castra a escuta" por sua aderência sensorial, o analista interpreta esboçando um *laço*: "Então tem o sonho... a cena com Pietro... a cena do café... a fala de sua mãe...". Mas Ada retruca: "O laço? Você está me colocando contra a parede, me encurralando...". A vinheta que Laurent Danon-Boileau nos propõe permite entender que a fala dessa analisanda, compactada com suas sensações e destinada a captar o analista, está em busca do pai morto quando Ada tinha dez anos. E quando, passando do tempo do fim da sessão, ela abre uma nova pista associativa ao evocar sua avó – "Ela me amava. Eu não me lembro" – ecoando esse "laço" ausente, esse pai que se foi muito cedo – ouço o pensamento do analista: "O laço quer dizer que alguém não está mais aí, desapareceu muito cedo para que você possa se lembrar de que ele podia amar você".

Se insisto nessa inclusão necessária do laço edipiano nesse momento da transferência, é porque a lembrança da "sexualidade infantil", na vinheta de Laurent Danon-Boileau, me autoriza. E porque o terceiro modelo freudiano da linguagem – a *significância* – nos faz entender que a morte do pai deixou escancarada em Ada a introjeção da identificação primária (*Einfühlung*) com o pai amante de sua história pré-edipiana. Essa "identificação direta e imediata", escreve Freud, com o Pai ideal conclui o nascimento do Ideal do Eu. Mas ela não está presente na paciente para descompactar a linguagem-sensação que ela lança a seu terapeuta como um apelo desesperado ao outro; até que a interpretação do analista, que fala em nome de um pai amante que se foi precocemente, lhe abra o caminho de uma fala suscetível de construir a transição psíquica necessária entre a carne (materna, muito materna, materna demais – da avó?) que aprisiona essa moça e sua excelência científica que a condena à solidão.

De uma outra maneira, quando o paciente "*Pas touche*" (Não encosta) de Dominique Clerc reclama de não sentir nada por ela, por causa da "diferença de idade", e que a analista interpreta, com tato – "É verdade, eu poderia ser sua mãe" –, o material apresentado inclui um "Eu poderia ser sua mãe quando na verdade você precisa de seu pai para que eu não encoste muito em você". Esse implícito edipiano fica subentendido, e só o tato do analista pode decidir quando e como o medo do desejo incestuoso e o recurso à ternariedade do pai e/ou do analista poderão ser ditos.

Da fala interpretativa como pergunta[37]

À medida que Freud teoriza a pulsão de morte e que o narcisismo se revela incapaz de ser um obstáculo, é a *relação de objeto* que surge como o contraforte suscetível de modular o *desligamento*[38], no sentido empregado por André Green.

---

[37] Cf. Julia Kristeva, "La Castration symbolique: une question", in: *Les Nouvelles maladies de l'âme, op. cit.*, pp. 135-156.

[38] André Green, *La Déliaison, psychanalyse, anthropologie et littérature*, Paris: Les Belles Lettres, 1982.

A psicanálise moderna se refere muito a isso, sem muita insistência, parece-me, no fato de que esse movimento do pensamento freudiano vem acompanhado da *emergência da significância*: identificação, perlaboração, idealização, supereuização, sublimação – lógicas psicossexuais e intralinguísticas que entendo como aprofundamentos da descoberta do "complexo de Édipo" e da *função paterna* freudiana que regula a destrutividade do animal falante.

O "significante" de Lacan (que não deve ser confundido com o sentido estrito do "significante" em linguística) refere-se a esse arranjo da *significância* (de acordo com minha terminologia), que compreende o modelo de transformação dos atos de pensar (como, entre outros, o sistema de Bion) e o modelo de *regulação* dos processos (a metapsicologia)[39], mas ambos integrados ao *ponto de vista genético*, que faz com que a organização do aparelho psíquico e de suas instâncias dependa dos acidentes edipianos. De fato, uma reformulação robusta se opera no último Freud entre o "ponto de vista genético" dos estágios (oral, anal, fálico, genital), as fases do Édipo e suas diferenças no homem e na mulher, assim como a relação de objeto que depende dele ou o desafia. De modo que, aprimorando-se em Lacan, a *exploração da função paterna* associa os modelos tópico, dinâmico e econômico à ontogênese e à filogênese. E é justamente essa *significância, que é a narrativa da associação livre, ancorada no destino da ternariedade,* que realmente associa, até subordina, tanto o modelo de *transformação* dos pensamentos (Bion) como o modelo de *regulação* (metapsicologia).

Nem somente genética, nem somente histórica: escolho chamar de "significância" esse processo-pensamento-translinguístico que nos foi legado pelo terceiro modelo da fala e que Freud nos convida a ouvir como analistas; pois, quaisquer que sejam os estratos ou as fases, a associação livre porta em si os *signos* da língua. A evolução das estruturas familiares dentro de uma filiação cada vez mais regulada liga inevitavelmente o mais íntimo (o inefável) às mudanças históricas: a significância coloca, a partir de então, a *história* no que "falar em psicanálise" quer dizer.

Homem das Luzes não religioso, Freud, considerando que a função paterna visava à introdução da significância e seus acidentes, introduz, entretanto, a ideia de "uma superioridade nos seres humanos": "*das höhere Wesen in Menschen*"[40]. Este postulado não tinha nada de regressão idealista; ao contrário,

---

[39] Cf. Daniel Widlöcher, "L'Inconscient psychanalytique, une question toujours ouverte", *in: Cahiers philosophiques*, Poitiers: Canopé, 2006, n. 107, p. 32.

[40] Sigmund Freud, "Le Moi et le Ça", *op. cit.*, p. 206.

ele revelava as lógicas de um imanentização da transcendência, que o pai da psicanálise via se delinear pela e na "cura pela fala" que ele tinha iniciado. Essa disposição da linguagem, tal como detectada por essa revolução freudiana, é dividida em dois momentos: a *identificação primária* e o *complexo de castração*.

O *Einfühlung* da identificação primária não está no amar/odiar/conhecer (Bion), mas justamente na "necessidade de crer", na "expectativa crente" (*gläubige Erwartung*) que surge após a angústia ansiosa[41], na qual insiste Dominique Clerc. Uma "objetalidade" de outra ordem então se delineia: o pai não é mais investido como "objeto" do desejo, ou do desejo de morte, mas como o *investimento* psíquico de meu *investimento* – desde que o pai seja amado/amante.

Nessa perspectiva, não seria possível esquecer que a negatividade (*Negativität*), cujas figuras Freud observa no oral e no anal[42], acrescenta também a *prova fálica* para estruturar a cadeia significante. A estrutura binária desta (fonemas marcados/não marcados), como um computador psicossomático, transpõe em rastros verbais as representações psíquicas da deglutição e da excreção, da aceitação e da rejeição.

Isto significa que a aquisição da linguagem é, em última análise, uma negociação da *prova de castração*, o sujeito dominando a apropriação oral e a expulsão anal para construir uma cadeia significante que será seu desvio último – e sua diversão – da e com a pulsão de morte.

Vou relacionar à fase fálica e à simbolização das pulsões que ela perfaz uma atividade psíquica que não deteve muito a atenção de Freud e que me parece fundadora do dispositivo analítico: *trata-se do questionamento, ato ilocutório por excelência*, que põe à prova a identidade e a autoridade do outro (do real e do objeto)[43]. O júbilo da criança que faz perguntas ainda é habitado pela certeza metamórfica (alucinatória) de que toda *identidade* é uma representação passível de *construção/desconstrução*; antes que o eu seja submetido à ditadura do supereu consciencial e comunicacional – essa "cultura pura da pulsão de morte"[44] – que gera sistemas e ordens unidimensionais, securitários ou virtuais.

Mas acontece que alguns não aguentam não poder mais suportar a castração simbólica que, de atalho em atalho, nos extrai da *carne* para nos instalar

---

[41] Cf. Sigmund Freud, "Traitement Psychique", in: *Résultats, Idées, problèmes*, v. 1, Paris: PUF, 1984, p. 8.

[42] Idem, "Die Verneinung. La dénégation", in: *Le Coq Héron*, Paris: Érès, 1982, n. 8.

[43] Cf. Julia Kristeva, "La Castration symbolique: une question", in: *Les Nouvelles maladies de l'âme, op. cit.*, pp. 135-156.

[44] Sigmund Freud, "Le Moi et le Ça", *op. cit.*, p. 227.

no *código* e mantém traumas graves que se tornam insustentáveis de tão mascarados. Essas pessoas se tornam "analisandos": elas pedem ao analista para abrir a caixa de Pandora da *significância*.

A *transferência* como processo da significância dá lugar a um questionamento que não será, portanto, nem consciencial, nem filosófico, pois ela não pressupõe nenhuma resposta. "Falar em psicanálise" é precisamente interrogar esse questionamento horizontal, pois, na vertical da língua e da consciência, ele desfaz o que a linguagem construiu – e, com ela, a tirania da identificação e dos sucedâneos da função paterna. O tratamento não encontra todo o seu sentido quando o *self*, que não corresponde mais à "pessoa" e escapa ao "verdadeiro", se liberta dos signos nos quais ele tinha se aventurado para chegar mais próximo da carne sensível? "Eu" me ausento e "isso" fala. Assim, ao sabor de minha fala, confronto o silêncio: o silêncio do analista, o silêncio da angústia. Mas, enquanto durar a transferência, trata-se ainda e sempre de um silêncio à espera de sentido: o de um possível recomeço.

Para o tratamento, o analisando chega a esse laço que não é outro senão *o laço de investimento do processo de simbolização, na qualidade de processo: na qualidade de significância*; pois o *objeto*, seja ele qual for (sexual, profissional, simbólico etc.), e mesmo que seja provisoriamente ideal, existe na duração apenas com a condição de que o sujeito falante-analisando seja capaz de construir-desconstruir indefinidamente o *sentido* e a *Coisa* (o afeto sexual, rebelde ao recalque).

Freud imaginou, portanto, "uma fala", uma nova experiência da linguagem que não revelasse somente a verdade, mas detectasse uma de suas potencialidades: aí está justamente um dos mais temíveis privilégios da psicanálise. Ao aflorar a moral, a religião, mas também as "ciências do espírito", o "falar em psicanálise" propõe uma nova relação com o processo de significação que constitui o ser humano. Logo, esse *deslocamento do dizer em relação a si mesmo*, essa revolução essencial e, entretanto, imperceptível, própria à prática analítica, preocupa o mundo. É preciso que sejamos mais conscientes e preocupados com sua formidável singularidade; melhor dizendo: tenhamos orgulho. A psicanálise é, hoje, a única capaz de nos "salvar" de uma cultura que ela revela como uma cultura da pulsão de morte, chegando justamente a nos distanciar dela: ela a atrasa, a conjura, a desvia. Processo infinito, o tratamento analítico é, portanto, a única experiência que, ao se apropriar da linguagem, a faz aceder ao inefável: ida e vinda e *vice-versa*.

Antígona,
o limite e o horizonte

Quem é você, Antígona (de Sófocles, 440 a.C.)? Uma criança (*pais*), uma menina (*koré*), um rebento (*gennéma*) de Édipo, uma noiva (*nymphé*), uma virgem (*parthenos*), assim chamada apenas quando cadáver desejado por Hêmon, seu primo, filho de seu inimigo, Creonte? Este último suspeita até que você seja homem: "Não sou mais eu, é ela que é o homem" (verso 484: *anér*), clama seu tio materno, esse tirano, a cuja razão você se opõe desafiando seu édito (a proibição de enterrar seu irmão Polinices), o que fez de você uma fora da lei, uma criminosa. Sem dúvida rebelde, você com certeza não é uma guerreira: nenhuma relação com Joana d'Arc, nem mesmo com as heroínas de Corneille. Você resiste de maneira feroz à tirania na qual oscila, invariavelmente, a lógica do Estado, e talvez até o pensamento político em geral, quando ignoram a "individualidade absoluta" na qual você se aloja e que você reivindica para o seu irmão. Está aí o seu lado sagrado, enfeitado com o desejo indestrutível de morte cujo "uso divino" não lhe escapa.

Você seria uma solitária intransigente? Uma destemida? Fria, rígida, frígida, se acreditamos em seu adversário Creonte – sempre ele –, que, decididamente, a detesta (mas acabará cedendo e se afundará numa espécie lamentável de quiasma, duplo invertido de seu aniquilamento: esperemos o fim do espetáculo). "E saiba [ameaça ele Hêmon, que queria se casar com você; ideia sem sentido! Você, a noiva virgem da morte!] que é um abraço gelado como o que lhe oferece no abrigo uma esposa má", uma menina que "enoja", que só serve para "ir atrás de um marido no inferno" (versos 650 e ss.).

A menos que você seja, ao contrário, uma pessoa prestativa que vem ajudar (*ophelein*) os próprios mortos (versos 559-560)? Não todos, já se falou demais. Você tem seu favorito, um de seus irmãos, é natural, descendentes que são dos incestuosos Édipo e Jocasta: será Polinices, coincidentemente *Poluneikes*, aquele que "abunda em discórdia", como o próprio nome sugere, que se compraz em atacar sua própria cidade, sua pátria-mãe, e, para dizer as coisas como elas são, um anarquista que quer destruir os seus. Bem, isso não impede que você seja uma pessoa prestativa, à sua maneira, uma Ofélia, se compreendemos bem a palavra grega *ophelein* pensando em Shakespeare. E, vinte séculos antes que Hamlet se apaixone por Ofélia, assim como ela, descontroladamente voltada para a morte.

Eros Negro comprimido em *flashes, ímeros enarges*, "desejo ardente" que encanta os velhos do Coro, seduzido pelos "olhares da virgem prometida ao leito de seu marido" (verso 795)? Flanqueando, todavia, uma psicorrígida que se defende dos laços incestuosos tão populares na família dos Labdácidas? A "filha intratável do pai intratável" (versos 471-472), "ferro fundido e refundido", que "racha e estoura mais facilmente" (verso 476) que qualquer um e com razão? Uma "pobre rebelde às ordens do rei" (versos 381-382), uma "pequena Antígona culpada"? Pior, você seria renitente a qualquer civilização, crua – *omos* – (verso 471), isto é, selvagem, desumana? E tão cruel com Ismênia, para começar, sua irmã prudente, "aquela que sabe", uma vez que foi assim que o seu pai a nomeou destinando-a à sabedoria; muita cegueira na família...

Não? Talvez não, de fato. Você só pensa em Polinices, mas já que você é duplicada – dividida (eu diria "clivada") entre a cidade e o Hades, o mundo de Creonte e o da morte, a lógica política e a de seu sangue se, e somente se, for um sangue de insurgente, de sedicioso, de fautor de transgressões (dentre as quais a mais ativa é, obviamente, o assassinato) e, portanto, se for o sangue de Polinices que desencadeou uma guerra civil –, bom, num desses oximoros no qual você tem a genialidade junto a Sófocles, você se define como uma irmã "santamente criminosa", desejando apenas descansar perto de seu irmão, "cara a quem me é caro", pureza das núpcias *post mortem*. A Creonte, que toma sua piedade mortuária como uma variante do ódio e uma ausência de amigo, você retruca com outra definição de si mesma, que surpreenderá aqueles que não a entendem: "Eu não sou daquelas que odeiam, nasci para amar (*symphilein*)" (verso 523). E não se contarão mais os românticos que vão chorar, nos séculos dos séculos, este "amar", seu anticasamento místico: poetas, feministas, almas melancólicas!

A começar pelo guarda, em sua peça, que a surpreende em sua segunda ação criminosa, lavando e cobrindo com terra o cadáver de Polinices para protegê-lo do sol, dos pássaros e dos cães. O corajoso criado não deixa de se compadecer, talvez até se deleite, apesar do édito de Creonte: "Sinto prazer e pena ao mesmo tempo" (verso 436). As sensações dele, que são, na verdade, as suas durante o ato funerário de amor, são claramente compartilhadas pelo Coro, já que ele é o porta-voz do próprio Dionísio: e de tal modo que esse primeiro *kommos* da tragédia que leva seu nome impele todo o público para a sua emoção, na qual dor e exaltação se aliam e se anulam. Creonte, por sua vez, não terá direito a essa empatia no *kommos* que lhe é dedicado no final do espetáculo. Quem vence é você, Antígona, e nós ainda queremos saber o que isso pode realmente querer dizer.

Personagem indescritível, indefinível, sem identidade fixa em sua autenticidade, você escapa, Antígona. Entendo que você prefira a escuridão das profundezas; você não é deste mundo. Porém, não há nenhuma indecisão nessa evasão: você faz a lei (*nomos*) totalmente sozinha para si mesma! Em sua insolente autonomia de filha de Édipo, o transgressor, você sabe de antemão que você se exclui da justiça política e até mesmo das normas humanas. Mas seu saber (que atesta mesmo assim que você "é de", deste mundo social, ao menos em parte) não a incomoda. Pelo contrário, você persiste em sua obstinada, invencível, sublime certeza. "Nada a desmonta [...]. Ela não nega nada" (versos 433-435); "Confesso, fui eu, não nego nada" (verso 443). E a Creonte, que não acredita que ousem desafiar a lei, que ignorem seu édito, tendo, assim, plena consciência da morte certa – "Você sabia da proibição que eu havia decretado?" –, você responde: "Sim, sabia: e eu poderia ignorá-la? Ela era das mais claras" (versos 445 e ss.).

Ela não é nada louca, a pequena Antígona. Ou então é de uma loucura que revela uma lógica superior e límpida, intrínseca, que se mostrará contagiosa, talvez eterna, universal?

Antígona é como é por ser fruto do incesto? Por sofrer as suas consequências? Por tê-las levado ao seu clímax e ao seu trágico fim antes que os costumes da cidade viessem redefinir as confusas paixões clânicas e antes que as *Leis* de Platão estabelecessem com toda lucidez uma ordem familiar e política que já prefigura a nossa? Ela é um vestígio do passado que serve apenas para os arquivos dos terapeutas?

Ou será que Antígona é Antígona por ser uma mulher? Sua solidão mineral, seu desejo cadavérico, sua tenacidade com o "não" propelido por ela ao bom senso revelam traços especificamente femininos, que atuariam como uma corrosão permanente do laço social? Bem mais perigosa que a "eterna ironia da comunidade"[1], como diagnosticado por Hegel?

---

[1] G. W. F. Hegel, *La Phénoménologie de l'esprit*, t. 2, Paris: Aubier, 1941, p. 14 ss. e G. W. F. Hegel, *Esthétique*, t. 2, Paris: Le Livre de Poche, 1997, p. 687.

Mas, então, este "não" que ela opõe às leis de Creonte (a seus abusos totalitários ou ao bom senso político? Vasto tema que os democratas especializados em direitos humanos ainda não esclareceram) é um "não" dinâmico, prospectivo, faustiano, dialético? Ou melhor, visando ao limite no qual o humano vai além de si mesmo e que o sagrado aprecia, o desafio de Antígona está condenado a provar a existência da intratável pulsão de morte que Freud nos deixou sem mais detalhes ou precauções?

A pulsão de morte não é a agressividade viril própria a ambos os sexos que erotiza as lutas de morte sob o pretexto de desejos e que detalha o suplício erótico na pena de um Marquês de Sade, por exemplo, como última artimanha do Ser supremo, especialmente quando isso esbarra na dureza insensível das vítimas. Não, Antígona desvela uma energia plácida que desfaz os laços, um *des-ligamento*, precisamente, que anula as identidades e as diferenças, para instalar o sujeito, para além da perda, da depressão e do sofrimento, no *pathos* do desapaixonamento. O deixar-se levar suicida não se distingue aqui da tenacidade, a indiferença pode cintilar em cuidados, e a abjeção da vida se perpetuar em desobediência insensata regeneradora do laço social. Psicose branca? Ou triunfo da sublimação à beira do recalque original, nas fronteiras do vivente, que o indivíduo falante percebe como uma saída fora de si, estados-limite de uma identidade indivisa? Madura, soberana.

Pelo fato de ser tecido de laços e de sobreposições incestuosas e incestuais, o mundo dos Labdácidas é dominado pela busca obcecada do *auto* e do *homo*[2]. Mas ele não parece conhecer o outro, senão como estrangeiro, assassino ou fautor de guerras civis. União autoprocriadora entre a mãe-esposa e o filho-esposo, autoengendramento, autoafeição, automutilação: isso pertence a, isso acontece em, isso depende da *mesma* família, da *mesma* matriz, da *mesma* mão. A "mesmidade" roda em círculos sem parar com o mesmo sangue e só se reflete na reciprocidade, em espelho, por parentesco reversível entre aqueles provindos das mesmas entranhas, e que compartilham uma improvável identidade (*autos*) motivada, problemática, virtual; no entanto, capaz de aprofundar-se no autodescobrimento, da permanência de si, como faz Antígona levando o autoconhecimento (*autognotos*, verso 875) até a metálica certeza de si que Creonte inveja/critica. A soberania assim conquistada pela exclusão (*anti*) está pronta para ser em seguida abolida na anulação

---

[2] Nicole Loraux, "La Main d'Antigone", *in*: Sófocles, *Antigone*, Paris: Les Belles Lettres, 1997, pp. 105-143.

de si, mas apenas por um ato trágico, como Antígona não deixa de fazer ao morrer para si mesma, propriamente falando. Como se ela assassinasse – já desde sempre e nela mesma – o pai/os pais com quem ela fatalmente se identificava e a quem apenas poderia se juntar de vez no túmulo nupcial (*Authentés*, o assassino, teria sido antes aquele que comete o ato – o assassinato sendo o ato por excelência – a um progenitor, o duplo de si mesmo, lembra Nicole Loraux com Louis Gernet)[3]. Mas, no fim, a qual dos seus ela se junta, com e através de Polinices e suas sobreposições identitárias?

Nesse labirinto de identificação-desidentificação, perdas e encontros do mesmo no fechamento da "mesmidade", *homo* insiste mais na similitude que na identidade própria (*auto*) e cava o sulco dos parentescos reversíveis. Nessa linha, Antígona homologa-se precisamente a seu irmão Polinices, que é homologado a seu pai Édipo (ambos filhos de Jocasta); mas também ao *homem* em sua *virilidade*, já que, ao se refletir no espelho que Polinices lhe estende, ela capta o traço masculino que lhe censurará seu tio Creonte, também um irmão, mas da mãe de Antígona: o irmão de Jocasta.

Chegamos lá: Jocasta! A única, somente ela inominada, eixo impronunciável em torno do qual se dá a infernal procura pelo *auto* e pelo *homo*. Foco das imagens trágicas da peça, nunca designada explicitamente, mas sempre evocada de maneira alusiva: "Ele [Polinices] é meu sangue, de uma só mãe e do mesmo pai". Entendamos: a mãe Jocasta é a *única* que persiste em sua identidade própria, pois ela é a mãe de todos, inclusive de Édipo; enquanto o pai, Édipo, é também o filho dessa mãe, não sendo o "único", porém, uma vez que ele não é o pai de Jocasta.

Curiosamente, Antígona não quer se lembrar de que essa Mãe universal não é ninguém menos que a amante do filho/pai, sua Única Rival, e ninguém mais que a Única Mãe. Antígona censura o desejo/prazer de Jocasta para pensar apenas na Jocasta progenitora: no sangue fértil da matriz, no único e mesmo sangue materno que se presta como realidade e metáfora que engendra (literal e figurativamente) as identidades fluidas dos consanguíneos. Identidades amorosas e/ou assassinas porque, como o sangue, elas se dedicam à procriação e à carnificina, nunca uma sem outra. Identidades confundidas e confusas dos irmãos do "mesmo sangue" (*homaimos*), fratria incestuosa que só pode manifestar sua autonomia na semelhança espargindo-se em guerras sanguinárias com ela mesma. A menos que seja posto um fim à fertilidade? E somente assim ao seu duplo, a guerra?

---

[3] *Ibidem*, p. 110.

Heroína da autoanálise, você descobre, Antígona, os segredos da tragédia. Mas sem dizê-lo, apenas mantendo-se obstinadamente no *desligamento*. Estrangulados pelo encerramento da família incestuosa, os "mesmos" em sua imbricação *auto* e *homo* estão condenados à geração e à matança: a família engendradora é assassina. Pior, suicida, pois matar um só corpo do mesmo sangue no labirinto consanguíneo dos equívocos, ricochetes e reflexões equivale – para esta família – a suicidar sua "mesmidade", a *se* suicidar: os mortos da/na família são suicidados da família. As guerras internas, intrafamiliares e interfamiliares se eternizam, além disso, na forma de conflitos políticos contínuos: seus irmãos, Polinices e Eteócles, enfrentam-se em guerra civil, Hêmon, seu primo, que paga com sua vida essa inexorável engrenagem das gerações mortíferas, de sangue matricial... Ainda hoje, as guerras entre "comunidades" nacionais e religiosas possuem a mesma lógica trágica de ameaça suicida, dissimulada em sua "mesmidade" pretensamente simbólica.

De maneira inevitável, a constatação implícita que tece a trama trágica de *Antígona* conduziria alguém, necessariamente uma mulher, uma descendente de Jocasta, a desfazer o fio na inextricável descendência, em especial, do *auto* e do *homo*. Tal será a solução de Anti-gona (anti-engendramento) diante da morte que perdura – o Coro está lá para lembrar – como a única situação contra a qual a espécie humana, hábil, porém, em artimanhas, manifesta sua fatal impotência (versos 360-364). Opondo-se a *goné*, repudiando a descendência, você encontra um "jeito"/encanto/remédio: você aprisiona a morte. Sem blasfêmia com relação à maternidade, tampouco ao matricídio (bom para Orestes). Você se contenta em repudiar (*anti* = contra) a maternidade e, "em seu lugar" (outro sentido de *anti*), impor certa semelhança reflexiva com ela, segundo a mesma lógica de *auto* e de *homo* de que ela é o fruto. Mas num outro mundo que não é mais "deste mundo" vivendo à força motriz.

Veja bem, estabelecida em seu universo subterrâneo à beira do Aqueronte, você ainda perpetua o desejo de maternidade. Você não sabia que você a estava sugerindo, essa vocação materna? Mas claro que sim. Lembre-se dos cuidados funerários prodigados a seu irmão/pai/filho, lavado/coberto de terra, purificado/protegido em sua carne morta: eles não deixam entrever uma solicitude materna? Ou ainda: "Se eu fosse mãe..." (verso 905): você deixou essas palavras escaparem? Seus lamentos diante do cadáver despojado de seu Polinices: eles não são como o "grito agudo do pássaro desolado com a visão do ninho vazio sem seus filhotes" (versos 420-425)? E, finalmente, a sua morte, Antígona, "pendurada pelo pescoço com um laço feito de sua cambraia espessa?" (versos 1120 e ss.), réplica do enforcamento de Jocasta?

Exceto pelo fato de que Antígona não se enforca no palco, só o mensageiro constata uma "ela", terceira pessoa impessoal, uma não pessoa, o que dá panos para a manga para os comentadores. Quem a enforcou? Ela mesma? Com suas próprias mãos? Ou não? Prefiro pensar que essa visão do mensageiro era apenas uma figura retórica de Sófocles para dizer que "ela", Antígona, em sua frieza opaca e absoluta, era, desde sempre, uma vingança muda, comprimida, contra a mãe sem interditos, a Única Mãe, a Mãe Completa. Uma mãe a matar e que, no fluxo tóxico das "mesmidades", a cadaveriza em seu lugar.

Era, portanto, necessário que o desejo de se juntar aos seus na morte, anunciado no início (versos 74-75), já estivesse registrado no nome da heroína: *contra* a Mãe e/ou *em seu próprio lugar*. Para tentar ser livre, ou pelo menos autônoma, você se dedica, Antígona, a encarnar a morte do desejo de vida, o duplo de Eros. E embora essa lógica a leve a ser uma das suicidas da família incestuosa de que se falou anteriormente, essa morte do desejo de vida não é nem um sol negro da melancolia, nem uma teologia do nada. Nenhuma relação com o lamento do tenebroso Nerval; nem com a apologia do não ser cara à língua cortada de uma Ângela de Foligno (que, entretanto, seu estilo lapidar lembra fatalmente); nem com a felicidade de um monge zen cujo jardim meticuloso você nunca conhecerá.

Antígona triunfa sobre Jocasta tomando-lhe seu filho no qual ela não encontra o sábio cego de Colono, mas o discordante Édipo, enfim sereno como um bebê morto. É somente nesta condição que a sombra do objeto melancólico não precisa de forma alguma cair sobre ela, mas se cristaliza na *obstinação da pulsão de morte*. Quero dizer: a pulsão de morte no sentido forte que Freud lhe dará no segundo tópico, que não deve ser confundido com a erotização da agressividade e do sofrimento, que passou a ser chamado de sadomasoquismo. Nenhuma relação. Em Antígona, Tânato cortou os laços, necessariamente eróticos, com os vivos, como já vimos. Visando apenas ultrapassar o limite (*Atè*) do humano, a filha de Jocasta e de Édipo se mantém como que aspirada pelo e *dentro do próprio limite*: "atroz"[4], de fato, no "entremeio" da pulsão de morte.

---

[4] Jacques Lacan, "Le Séminaire", livro 8, *in: L'Éthique de la psychanalyse (1959-1960)*, Paris: Seuil, 1986, p. 306.

Aquém do narcisismo, mais distante que o autoerotismo, no *desligamento* radical. Em vez da depressão neurótica, nos limites da pai-versão masoquista cujo objeto supliciado goza até morrer – até se tornar insensível ao próprio pacto entre o mestre e o escravo. Antígona escapou da humanidade neurótica. Divina Antígona? O Coro introduz a hipótese numa antístrofe que a reclusa, ofendida, rejeita violentamente.

Porque ela sabe que sua soberania é simplesmente humana, mas plenamente humana, excepcionalmente humana. No lugar da mãe, Antígona dá a luz a um universo imaginário: ela repara a perda dos seus ao recriar o mundo virtual de uma vida possível na fronteira, no próprio *Atè*. Aqueles que ultrapassam esse limiar caem no delírio, perdem seus contornos humanos e morrem. Antígona, por sua vez, triunfa em sua construção cadavérica porque ela encontra aí o benefício de consumar o amor com seu irmão em ternos cuidados, em gestos maternos. É preciso que ela aceite morrer para si e para seu corpo (e Creonte será o cúmplice involuntário desse desejo antigoniano que precede seu édito) para realizar não a gestação de uma criança, mas a vocação materna de ternura e cuidados: a sublimação inerente à vocação materna. É o benefício de seu sacrifício. Antígona ignora isso, pois o mundo trágico não inventou a criança-sujeito (será preciso esperar a Bíblia e os Evangelhos). Ela se debate no inextricável entrançamento de Eros com Tânato e se defende, petrificada no amor fora do tempo de um irmão morto e de uma irmã pronta para morrer, para salvar sua autonomia e sua homologação.

Neste lugar, se não ficarmos loucos, se não perdermos os limites da linguagem na confusão mental, o *pathos* da solidão petrifica o vivente/a vivente. Ele/ela está alhures, aquém ou além, inacessível Si, indestrutível diamante. Mas seu narcisismo mortificado, seguro de si mesmo e triunfante, pode tornar-se disponível também, o que lhe confere esse enigmático brilho percebido pelo Coro. Uma disponibilidade recolhida e fria, a da santa, por vezes da enfermeira hiperperformante, Ofélia renascida das águas e prestativa. Nenhum sofrimento, piedade, compaixão. Ela não sente nada: "Morrer diante deles, digo bem alto, para mim, é somente benefício (*kerdos*) [...]. Sofrer a morte, para mim, não é um sofrimento [...]. Teria sido, ao contrário, se eu tivesse tolerado que o corpo de um filho de minha mãe não tivesse, após sua morte, sido sepultado" (versos 460-468 e ss.). A morte para si, como apoteose do *auto* finalmente liberado do peso dos laços reprodutivos vivos e encerrados na hera do conhecimento de seus limites, do Limite: seria então o "benefício" supremo?

Benefício da psicose maníaco-depressiva, diria eu se fosse preciso se contentar com o diagnóstico psicológico que, por ser insuficiente, não deixa de ser real. Ele não explica, entretanto, como o *pathos* de Antígona não só não se torna patológico, mas, reverberado em Creonte, lhe faz endossar-lhe o costume do neurótico queixoso: "Eu não sou nada mais do que nada agora" (verso 1325). Enquanto isso, Antígona, agora invisível, enforcada fora do palco, continua a crescer no espírito dos espectadores e leitores presentes e futuros, como a única heroína da peça epônima.

A solidão magistral de Antígona atinge o ápice quando sua autoanálise da coexistência com a pulsão de morte se requer rebelde não só para o espírito político (de Creonte), mas também para o dos próprios deuses. Lacan tinha razão: não é a Creonte que Antígona não reconhece o direito de se reconhecer em Zeus; é *ela mesma* que se dessolidariza, e de Zeus: "Pois de forma alguma Zeus foi quem proclamou essas coisas para mim" (verso 450) e da *diké* dos deuses. Seu *desligamento* não se refere às suas leis proscritas, mas "às leis não escritas pelos deuses": *uma espécie de rastro sem representação que um humano não pode transgredir*. Inferior ou superior à *diké* dos deuses, seria apenas um *horizonte* (ὁρίζων, do verbo ὁρίζω/separar, delimitar, determinar, se ligando a ὅρος = limite) que Antígona se autoriza a visar até apropriar-se dele na irradiação de sua identidade soberana[5]. Uma região que a absorve porque ela é pensável apenas como transversal à linguagem, às regras e às leis, embora delimitada/estabelecida por eles: horizonte do tempo sensível, do afeto, da pulsão no cruzamento da biologia e do sentido.

Certa de aspirar ao limite do vivente e de ser aspirado por ele, mas ainda habitada pelo desejo – ainda edipiano também – de saber a verdade que seus pais legaram a ela por seu *crime* ou falta e até sua revelação, Antígona tem certeza de sua experiência. Ela lhe faz conhecer o poder da "morte programada", como dizem hoje os biólogos: ela está em andamento na vida desde que haja vida? Leiamos assim sua discussão com Creonte sobre a *diké*: só na apercepção dessa onda portadora da pulsão de vida, que é a pulsão de morte, Antígona se mantém nesse duplo cegante, ilegível, das leis que seriam as *leis não escritas* dos deuses: onde não se prescreve nem proíbe, mas se sente, se experimenta, se vive e se morre. No limite da loucura, pode ser aberto o horizonte da soberania psíquica.

---

[5] Verso 452: "Estas não são leis que eles [os Deuses] *estabeleceram* para os homens". Não leis, mas... *horizontes*?

O Coro, ainda que dionisíaco, parece estupefato com tanta pretensão. E lembra que os humanos que caem nas armadilhas da morte só fazem "fugir na doença" (versos 360-364). Proponho aqui, retomando e estendendo a leitura de Lacan, uma interpretação nova do texto grego que rompe com as traduções habituais: de fato, Sófocles fala de uma fuga na doença ("νόσων δ'ἀμηχάνων φυγὰς ξυμπέφρασται", (versos 361-363), e não de uma fuga da doença, e isto de tal modo que essa "doença" seria definitivamente *impossível* (μηχάνων). Uma leitura já psicanalítica da doença e do texto grego, a que não podia chegar o bom senso dos vários tradutores (antes de Lacan) que entendem sempre ao contrário, que os seres humanos só podem "fugir *diante* da doença". O que atinge, justamente, o coro em sua compreensão dionisíaca da heroína é que, ao contrário dos humanos comuns, Antígona *não foge da doença*. Ainda mais, o que o "bom senso" considera doença é para ela mais que uma defesa: seria uma pseudodoença, "um truque daqueles" (ἀμηχάνων), acrescenta Lacan[6], como o sintoma de uma revolta inconsciente ou de um insuportável desejo pelo qual a filha de Édipo foge das leis humanas e divinas. Ela não está de forma alguma doente, seu *pathos* aparente não tem nada de patológico! A confusão do próprio guarda, para além do medo de ser massacrado por ser portador de más notícias, se deve talvez também a esse enigma da menina que não é nada louca, em sua inquietante e, entretanto, tão familiar estranheza. Como seria possível?

Suponhamos primeiramente que a verdade de Antígona, que ela clama do fundo de sua sepultura nupcial, é apenas uma verdade historicamente datada: a do *advento trágico do indivíduo* nas redes sufocantes da família incestuosa que ainda não encontrou suas regras para acabar com o interdito do incesto. A história do vocabulário indo-europeu mostra que a identidade do Si próprio, base do Indivíduo livre, só pôde se constituir *fora* dos laços de parentesco, apenas nas alianças externas às amarras consanguíneas. Assim, a raiz sânscrita *"swe"*, que dá *"soi"* (em francês), *"self"* (em inglês), *"svoy"* (em russo) etc., encontra-se em grego em "aliado" (*étēs*) e em "ética" (*éthos*)[7]. Lenta e incerta emergência da subjetividade livre... graças às alianças. Quaisquer que tenham sido as leis da sociedade política que deviam regular e substituir os costumes incestuosos dos clãs familiares, elas não tinham o poder de resolver as

---

[6] *Ibidem*, p. 319.

[7] Émile Benveniste, *Vocabulaire des Institutions indo-européennes*, t. 1, Paris: Minuit, 1969, p. 331.

sobreposições trágicas através das quais a *identidade* procurava construir-se sozinha. O trágico não era precisamente isso? E sua deliciosa sedução.

Será o poder do Deus criador do monoteísmo que irá substituir o sacrifício e o autossacrifício por *interditos separadores* (alimentares, sexuais, morais), assegurando, assim, a emergência do sujeito no homem. O texto da Bíblia judaica e o rigor ritual de seu povo consagrarão essa mudança historial pela "eleição", que estabelece o si mesmo apenas diante do Outro, esse Um a colocar e a ouvir em todos os outros; e simultaneamente pelo imperativo da geração – a continuar infinitamente, para garantir a perpetuação da alteridade. Adonai e Javé interrompem de uma vez a confusão dos mesmos na *mesmidade* sanguínea da família mais ou menos matriarcal do paganismo, proibindo o derramamento de sangue ("Não matarás!") necessariamente impuro: o das matanças, assim como o da menstruação; incitando ao mesmo tempo – por meio das mães – à perpetuação da linhagem dos filhos de seus pais, ou seja, identidades nominais na sequência dos conjuntos eleitos.

E é com Cristo que não só o assassinato (edipiano) do pai será confessado, como descobre Freud passando por Moisés, mas que a exploração por Antígona da pulsão de morte será retomada, reconhecida e metamorfoseada – o que é omitido por Freud.

Posto como ponto focal do imaginário, o desejo até a morte/o desejo de morte do sujeito Filho/Pai flagelado até a morte não se reduz ao julgamento de morte de uma vítima pelo tribunal da religião rival. Uma experiência da mortalidade é reconhecida, que não seria o fim da vida, *mas uma coexistência permanente da morte na temporalidade do vivente*. Por isso, e para além da experiência sadomasoquista da morte e do sofrimento, mesmo da passivação feminina na qual se destaca a paixão na Cruz, acrescenta-se o aniquilamento (*kenosis*) do Filho/Pai moribundo no inferno, evocando, assim, a aventura tumbal de Antígona, emparedada na esteira de seu desejo de juntar-se a Polinices, seu irmão/pai além do *Atè*.

Quanto à Antígona-mãe em lugar da genitora, a Virgem Maria realiza espetacularmente o eterno retorno e culmina na Pietà que a estabelece em Jesus, como uma jovem mulher descendente da sulamita que teria sonhado com Antígona.

Exceto pelo fato – e a diferença é radical – de a fábula do reencontro na morte ser atravessada pela da ressurreição, na qual o amor incestuoso por e do Filho/Pai é, finalmente, autorizado, reabilitado ao preço da sublimação. Antígona, a sublime, conhecia a obra absoluta da pulsão que muda de objetivo (será o amor à morte em vez e no lugar dos laços eróticos), mas ela não podia saber que era possível dizê-la/pintá-la/musicá-la em vez de morrer-se viva num calabouço tumbal. O trágico bebido até a última gota no dia da Paixão de Cristo sucederá a superação da dimensão trágica, incluída, porém, no corpo do Filho-Pai que se torna cadáver apenas para ser sublimado num corpo glorioso vivendo à direita de seu Pai.

Cristo e Maria, diferente e conjuntamente, reconhecem, em resumo, a lucidez soberana de Antígona, mas eles a arrancam da tragédia para fundar, no lugar e contra o mundo reprodutivo, o mito do amor possível: além de, ao infinito. E eles convidam todas as mulheres, mães naturais da espécie, não realmente a pararem o fluxo da gravidez, mas a se encontrarem com eles (Cristo, Maria) nesses cruzamentos possíveis das memórias grega e judaica.

Essa aventura só colocou demasiada e frequentemente uma cruz no corpo feminino. Ela também não deixou de incentivar o desenvolvimento espiritual ou sublimatório das mulheres que acompanham a história do cristianismo (monacato feminino, passando pelas contadoras de histórias, missivistas, escritoras, feiticeiras, guerreiras e outras revolucionárias, até as feministas e presidentes de todos os tipos). O êxtase de Teresa de Ávila e seus escritos jubilosos são inseparáveis da morte de si, nas pungentes provas do claustro e na identificação tão apaixonada quanto abandonada com o Filho/Pai flagelado até a morte. A fantasia incestuosa, assim confessa, sublima-se e, finalmente, alivia-se nessa nova promessa judaico-cristã que o mundo grego ignorava: o Amor pelo Outro que elege e perdoa. A partir daí, a pulsão de morte não é apenas trágica, ela insere o trágico como a outra face do amor.

Eu lhe proporei, finalmente, outra hipótese? Longe de ser uma relíquia do passado, a universalidade de Antígona ressoa hoje na vida psíquica das mulheres. Para além da família dita "clássica", que respeita, quer queiramos, quer não, o interdito do incesto que a secularização distancia dos dogmas judaicos e cristãos, e que continua a se recompor sob a pressão de técnicas de procriação, da emancipação do "segundo sexo" e da mistura das diversas tradições religiosas e culturais[8], a dimensão antropologicamente universal da solidão feminina confrontada com a pulsão de *desligamento* é necessária tanto para a observação clínica quanto para os comportamentos sociais. Solidão e desligamento que não rejeitam necessariamente a maternidade, mas pedem por ela

---

[8] Cf. Judith Butler, *Antigone: la parenté entre vie et mort*, Paris: Epel, 2003.

e a acompanham. As depressões femininas e até diversas criminalidades maternas são prova disso. Porém, elas não poderiam deixar que fosse esquecida a nova solidez daquelas que têm a oportunidade e a capacidade de produzir, a partir disso, conhecimento, arte ou um modo de vida/sobrevivência: consequência notável da emancipação feminina ainda em curso.

Na verdade, o édipo-linha[9], que liga a menina à sua mãe nos laços precoces mãe-bebê, marca a psicossexualidade da mulher com uma homossexualidade primária endógena "não escrita", porque pré-linguística, sensorial, quase indivisa. O édipo-duas-linhas, que a transfere para o pai, instala o sujeito mulher no mundo da linguagem, do ideal e do supereu social, sem por isso eliminar a dependência anterior. Formado nesse Édipo biface, o luto inconsolável do Édipo-linha e a conclusão improvável do Édipo-duas-linhas fazem da mulher uma eterna estrangeira da comunidade política, uma inexorável exilada da osmose inicial com sua genitora.

A homossexualidade dará a oportunidade de reviver as delícias e as discórdias do continente perdido. A maternidade será uma oportunidade de sair de Si-mesma para finalmente amar – como a si mesma – qualquer outro: o filho de um terceiro, o pai. Milagre da vocação materna, mas muito ameaçado pela loucura materna, o *pathos* recorrente da "mesmidade" autoerótica, narcísica, na permanência do Édipo. Milagre também da maternidade simbólica que renuncia ao ciclo da reprodução dos corpos e se forja, como Antígona, no limite do humano e da linguagem. Mas que, ao contrário de Antígona, procura o seu sentido para esclarecer a pulsão de morte no desapaixonamento da sublimação.

Há uma Antígona em toda mãe que consegue libertar seus filhos dela mesma. Deixei minha pele como Antígona em toda obra além de mim. Porque com ou sem a experiência da maternidade, mas especialmente a partir dos esforços atuais para construir um discurso moderno sobre a paixão materna no presente, torna-se talvez possível para as mulheres enfrentar os limites do vivente com os quais as confrontam as ambiguidades de suas experiências edipianas. Limites de sua identidade sexual (a bissexualidade psíquica endógena das mulheres); da vida de seus filhos, ainda frágil e objeto de solicitude; da vida do planeta ameaçada de novos desastres; das novas técnicas de reprodução da vida que acontecem sem precauções suficientes da vida e da morte.

---

[9] Cf. Julia Kristeva, "De L'Étrangeté du phallus, ou le féminin entre illusion et désillusion", *in: Sens et Non-sens de la révolte, op. cit.*, pp. 146-164 e "L'Œdipe biface", *in: La Haine et le pardon, op. cit.*, pp. 230-236.

O noticiário apocalíptico, e até mesmo os atos das mães infanticidas, não apagam o número crescente de mulheres que confrontam, com a indestrutível serenidade de Antígona, os estados-limite da experiência humana. E que se revelam como um horizonte – para o melhor e para o pior. A partir do qual as próprias leis, já que elas são necessárias na ordem social, são suscetíveis a mudança, mas, em primeiro lugar, na profundeza dos psiquismos, antes de serem consagradas eventualmente pela justiça política.

Desde que desenvolva a linguagem, o pensamento, a interpretação de nossa solidez solitária na coexistência com a pulsão de morte. Caso contrário, é a barbárie dos embriões congelados, das crianças abusadas ou vendidas para o tráfico de órgãos, maternidades esterilizadas ou desrespeitadas, mulheres reprimidas ou negadas.

Antígona "no lugar" da mãe? No coração da mãe atuante de Winnicott jaz uma Antígona. Ela cortou os laços, ela atravessou seu *auto* e *homo*, ela se desapaixonou: uma certa anulação. O que é uma boa mãe? Ela sabe que o "outro" surge do limite em que fica eclipsada sua ambição identitária e em que se abre o horizonte das alteridades possíveis, das verdadeiras singularidades. Contra o *pathos* da mãe e em seu lugar: o amor materno, estado-limite e horizonte inacessível.

Você praticou, Antígona, as condições de seu advir arriscando-se. Vestal da pulsão de morte adjacente ao crime, mas que também se purifica na franquia identitária inerente à obra de arte e a esta obra de arte que é o insustentável desapaixonamento dos cuidados maternos. Consequentemente, sua experiência é inatingível e, porém, concisa, desafiando o bom senso, mas com um rigor absoluto e uma evidência misteriosa. Necessidade dos silêncios e precisão da voz, ela entoa a morte de si, pontua a eclosão do outra na criança, deixa em suspenso e libera as interpretações: abertas, pessoais, traçadas porque pressentidas, mas imprescritíveis. Como essas não leis não escritas dos deuses. Uma pauta musical. Sublime.

A palavra,
essa experiência

Quando a busca por Deus se realiza intrinsecamente na linguagem, ela não abre, de imediato, o caminho para o devir imanente da transcendência?

Já que eu falo, minha busca por Deus – Amor e Verbo – só pode ser um discurso amoroso. Eu "me" busco n'Ele ("Busca-te em Mim", diz o Criador a Teresa de Ávila, antes que ela o encontre em seu "*muy muy* interior"), "eu" busca a si mesmo falando a Palavra, e meu Deus se torna minha linguagem.

Uma encruzilhada passa a se delinear nesse ponto se aquele que procura aventura-se a esquecer que sua busca conduz a Cristo. Ou então eu tranco a linguagem no triunfo absoluto de minha "arbitrariedade subjetiva" e me sufoco numa espécie de *novilíngua*[1], até mesmo em sua política totalitária, já diagnosticada por George Orwell e que Bento XVI disse temer, com razão, em seu discurso aos bernardinos[2]. Ou então edifico meu laboratório no Verbo-Carne, ausculto as vibrações sonoras e os órgãos, recrio sua inteligência e suas paixões, a prosódia e a narração, os conceitos e os silêncios: "Eu me viajo"[3], tanto por escrito quanto em psicanálise. No entanto, conforme pratico os mistérios, o Verbo-Carne me desapossa e me altera: nada de laboratório! Eu achava que minha linguagem me era própria; ela se revela estrangeira, outro de mim em mim. Sou o seu autor ou o seu produto? A não ser que ela me transcenda infinitamente, o infinito instante no pequeno ponto que eu sou, Santa Teresa infinitesimal, reconhecida pelo próprio Leibniz como precursora do cálculo de mesmo nome, infinitesimal...

---

[1] Presente na obra 1984, de George Orwell, a *novilíngua* é um idioma fictício criado pelo governo autoritário que figura no romance. Desenvolvida não pela criação de novas palavras, mas pela exclusão ou condensação delas ou de alguns de seus sentidos, a *novilíngua* tem por objetivo principal limitar a liberdade e a abrangência do pensamento. [N.E.]

[2] Bento XVI, *Chercher Dieu: discours au monde de la culture*, Paris: Lethielleux, 2008, p. 18.

[3] Julia Kristeva, *Meurtre à Byzance*, Paris: Fayard, 2004, p. 380.

Se é verdade que "no princípio era o Verbo" que "se fez Carne", é de fato uma nova experiência da palavra que se constituiu há 2 mil anos. Com suas duas vertentes – *Erlebnis*, fulgurante explosão do inominável, e *Erfahrung*, paciente apropriação de um novo objeto pelo novo sujeito –, a *experiência da linguagem* se abriu como a via primeva em religião. Antes de perceber que ela também pode ser a sua sublimação: "Não penso mais num substituto da religião, essa necessidade deve ser sublimada"[4], diz Freud. "*Experto crede*", porque "*Ego affectus est*", já dizia São Bernardo de Claraval (mas eles o ouviram, sob os arcos restaurados dos bernardinos?), impondo à Europa, e pela primeira vez no mundo, a ideia de que o homem é um sujeito amoroso (os trovadores são seus contemporâneos), e não menos guerreiro (ele vai pelo caminho de Jerusalém com a Segunda Cruzada). Amoroso, isto é, "deificado" (pois "totalmente sujeitado ao espírito"), porém, patético, porque refratário (com seu "corpo-vaca" na "região da dessemelhança" em relação a Deus). Para esse homem do século XII, que comentou por dezoito anos o Cântico dos Cânticos, a *experiência* se confunde com a *linguagem do conhecimento amoroso*. E já que a experiência da palavra é o outro nome para a busca de Deus, Bernardo continua a descortinar seus sentidos, conotações e metáforas na acumulação dos textos bíblicos e evangélicos. Ainda não uma cultura, necessariamente comunitária, mas mais que uma cultura pelo gênio singular que ela requer em sua autoridade e em seu método, essa experiência da palavra à maneira bernardina "não se distingue da contestação" (Georges Bataille): ela dilacera a história. E Bernardo inaugura uma era.

Que confessem ou não sua dívida para com essa genealogia escriturária e discursiva, uma plêiade de gênios singulares vai reconduzir até nós a palavra amorosa da sulamita, relida e reinterpretada na *joy* desse trovador de Cristo – perdão: na beatitude desse santo que será Bernardo de Claraval. Poetas, músicos, pintores, escultores, dançarinos, cineastas, *videomakers* e outros que virão revelam que a realidade íntima do Ser, *ultima ratio entis* (Duns Scot), não é outra senão a *singularidade*. E que essa singularidade do Divino, mas também do Si-mesmo em busca da singularidade do Amado/amado(a), pode tornar-se – no fim das contas, indefinidamente – acessível. Então, na provação e pelo gozo, será possível significar mundos inefáveis, trabalhando os próprios recursos da linguagem, as fronteiras do sentido e do sensível? A multiplicidade do *Logos*

---

[4] Sigmund Freud e Carl Gustav Jung, *Correspondance (1906-1914)*, Paris: Gallimard, 1992, p. 386.

plural[5] surge, assim, na Europa, não só como um dado histórico traduzindo a diversidade e a pluralidade humana, mas porque múltiplas são as potencialidades intrínsecas da própria experiência subjetiva, como já as anunciava a "cultura monástica ocidental da palavra"[6]. Alguns grandes artistas a aprofundam e a conduzem ao seu auge, em sua experiência por definição contestadora da tradição. O surgimento grego da Renascença e até a energia das Luzes, cuja dívida à revolução barroca ainda é pouco reconhecida, abrem o caminho dessa fala polifônica até a modernidade já bem próxima.

Palavra-música?[7] Vejamos o que diz Mallarmé: "Alguma secreta prossecução de música, na reserva do Discurso", apropriada para os "raios primitivos da lógica", "desencadeia o infinito", "dentre os quais o ritmo, entre as teclas do teclado verbal"[8].

Palavra-sentido e sensação do mundo ("ouvido do coração")[9]? Leiamos Artaud: "Eu procuro nomes em minha garganta e meio que o cílio vibratório das coisas", "a impulsividade da matéria", quando o "espírito permite perceber seus membros"[10].

Palavra-metáfora tornada metamorfose ("cantar com os anjos")[11]? Sigamos Proust em seu ato de escrever, "em que se realiza a transubstanciação das qualidades da matéria e da vida nas palavras humanas"[12].

Atenta à revolução da linguagem poética, a própria ciência da linguagem, tendo descoberto o sujeito falante, lança mão da semiologia e da psicanálise para ouvir o *chora semiótico* (ritmos pulsionais, ecolalias), subjacentes ao *sistema simbólico* da língua (signos e sintaxe). Resultado da "comunhão vivida" com a palavra, deixando aparecer "novas dimensões do sentido"[13]?

---

[5] Bento XVI: "Através da percepção crescente da pluralidade de seus sentidos [...] nas palavras da Palavra o próprio Logos se desdobra na multiplicidade e na realidade de uma história humana". Cf. *Chercher Dieu: discours au monde de la culture, op. cit.*, p. 17.

[6] *Ibidem*, p. 15.

[7] *Ibidem*, p. 13.

[8] Stéphane Mallarmé, "Quant Aux Livres", in: *Oeuvres Complètes, op. cit.*, p. 375; "Le Mystère dans les lettres", *ibidem*, p. 386; "La Musique et les lettres", *ibidem*, p. 648.

[9] Bento XVI, *Chercher Dieu: discours au monde de la culture, op. cit.*, p. 15.

[10] Antonin Artaud, "L'Enclume des forces", in: *Oeuvres Complètes*, t. 1, v. 2, Paris: Gallimard, 1976, pp. 141-144.

[11] Bento XVI, *Chercher Dieu: discours au monde de la culture, op. cit.*, p. 13.

[12] Marcel Proust, Carta a Lucien Daudet de 27 de novembro de 1913, Cf. Julia Kristeva, *Le Temps sensible, op. cit.*, pp. 374-375.

[13] Bento XVI, *Chercher Dieu: discours au monde de la culture, op. cit.*, p. 16.

Aqueles que afirmam absorver o divino na experiência singular da palavra – obra de gênios que apelam para o gênio de qualquer um – não esqueceram o fundamento bíblico, sob a pletora de línguas em fogo que o Verbo trinitário enceta? Imergimos na diversidade dos livros que constituem a "coleção bíblica" e suas "tensões visíveis"[14] para aí identificarmos "o caminho para Cristo"[15]. Ao fazê-lo, não tendemos a ignorar o *corte primordial* que está no início do Gênesis? E a não reconhecer o "Gênesis" precisamente como Corte – *Berechit*? O traço do Um não desaparece na sutil dialética do Logos evangélico, do Espírito vivificante?

Suponhamos que o Verbo-Carne já esteja "desmantelando" (Heidegger) categorias metafísicas: "princípio"/"causa"/"fonte" são, de fato, pegos de través no turbilhão de sua divina, sua humana comédia. Talvez. Mas o quê se torna inominável? A separação estriando o voto, a efração da inscrição subjacente ao proferido, ao visto, ao ouvido? O silêncio é apenas uma maneira de ser da palavra, seu chamado e sua escuta? Ou ele revela uma outra experiência do sentido – sua reserva, sua economia, sua escrita? A própria *condição* da visibilidade, antes de qualquer *parusia*, enfatizada pela Bíblia?

Consulto minha biblioteca.

"Nosso Deus, *Logos*"[16]: tal é o legado de Freud para os psicanalistas. Mas o Logos desse judeu ateu se projeta aquém da proferição, até os traços mnêmicos do "bloco mágico" inconsciente: lá onde pulsões e desejos recortam em hieróglifos as letras ainda mudas. O Logos é nosso Deus: contanto que ele possa advir até "isso".

"Eu sou um som que ressoa suavemente, existindo desde o princípio no silêncio"[17]: os manuscritos gnósticos já filtravam palavra e silêncio.

E Sollers: "Inscrever o salto, o corte, obstinando-me a fazer anotações como se tivéssemos passado para o outro lado..."[18], para acondicionar – na página de um romance – a evocação do entalhe bíblico no gesto do calígrafo chinês. Similaridade e diversidade da escrita – esta mais-que-palavra – em duas culturas que estabelecem, a partir de então, as paixões dos tempos vindouros.

---

[14] *Ibidem*, p. 15.

[15] *Ibidem*, p. 16.

[16] Freud, *L'Avenir d'une illusion, op. cit.*, p. 78.

[17] Cf. Philippe Sollers, *Les Voyageurs du temps*, Paris: Gallimard, 2009, pp. 143-151.

[18] Philippe Sollers, *Nombres*, Paris: Seuil, 1968, p. 105.

Polílogo com potencialidades inaudíveis e com liberdades arriscadas, a experiência da linguagem segundo a Bíblia e os Evangelhos poderia ser um antídoto para o livro único do "monótono-teísmo"[19] (Nietzsche) ou até "excluir tudo o que se chama hoje de fundamentalismo"[20]? Sentinela da inculturação católica, Bento XVI está convencido disso se e somente se a "cultura da palavra"[21] encontrar "sua medida" tomando um único caminho, o que leva a Cristo.

Desde quando os caminhos abertos pelo Verbo-Carne, e pelo invisível *Berechit* que o precede, já não levam a lugar algum (Heidegger)? Nossas trilhas perdidas revelam pistas e não ignoram tanto Cristo como dizem: interrogando-contestando-reinventando a Presença, a Cruz, a Redenção, a Ressurreição, o princípio, o sentido, o *nonsense*, a carne e o espírito, a alma e o corpo... Sem necessariamente se perder na floresta, embora isso lhes aconteça com frequência, mas recomeçando incansavelmente a experiência da fala e da escrita, da música e das letras, intermináveis transubstanciações.

Faltam-nos valores? E se o desenvolvimento da palavra bíblica e evangélica nos tivesse transmitido um, inescapável e incontornável: a singularidade da palavra, para despertar, proteger, cultivar, valorizar. Aviso ao humanismo, também ele em sofrimento, a ser reinventado.

Falta-nos uma autoridade? A mortalidade em curso no ser falante, que Freud coloca em análise por sua descoberta da pulsão de morte alinhada aos impulsos do erotismo, não destrona "Sua Majestade o Eu" de sua "arbitrariedade subjetiva", e até o "fanatismo fundamentalista"[22] de sua fúria explosiva? Ainda é preciso que ela seja esclarecida na experiência de uma palavra cuja autoridade não se interessa nem pelo interdito, nem pelo perdão, mas por sua capacidade de enfrentar os limites, no limite.

Falta-nos um laço? A Europa frágil e atravessada por suas 25 línguas está em processo de reinventar um: a tradução. E se a diversidade cultural, linguística, pessoal fosse traduzível? Aí está um laço, modesto entrelaçamento do sonho da paz universal! Quando a Europa tiver feito a anamnese de seus crimes contra suas fundações judaicas e cristãs, quando tiver conseguido um encontro com o islã...

---

[19] Nietzsche, *L'Antéchrist*, § 19, Paris: Gallimard, 1990, p. 30.

[20] Bento XVI, *Chercher Dieu: discours au monde de la culture, op. cit.*, p. 17.

[21] *Ibidem*, p. 18.

[22] *Ibidem*.

Fazer um contrapeso ao *crash* niilista e à sua outra face, que é o choque das religiões, opondo-lhes um uniforme universal e absoluto, é correr o risco de ser tão niilista quanto o adversário combatido. Resta-nos uma chance: a emergência da diversidade cultural e religiosa, a que se devem atenção e respeito. Tentemos dizê-los, ouvi-los, escutá-los. E se fosse isso a última e salvadora metamorfose da experiência da palavra? "A base de toda cultura verdadeira"[23].

---

[23] *Ibidem*, p. 24.

Ousar
o humanismo

O que é "pátio dos gentios"?

Herodes expandiu o terreno do primeiro templo de Salomão para acomodar um local de sacrifício ao qual compareciam peregrinos judeus e pagãos, os gregos e outros povos "infiéis", "impuros", "sem Aliança" com Javé; mas esse pátio era também um lugar onde os enfermos procuravam acolhida e os mercadores faziam o seu comércio, atividades proibidas no templo. O cristianismo transformou esse espaço de separação. "Deixe o pátio que está fora do templo e não o meça porque está destinado aos gentios que pisarão na cidade santa por 42 meses"[1] (o número 42 significa: enquanto durar a imperfeição do mundo até a chegada do Messias). A revolução de Paulo de Tarso começa com seu discurso dirigido a esses gentios, que ele leva do pátio para o templo. "Ele também introduziu gregos no templo e profanou este santo lugar" (Atos dos Apóstolos, 21: 28) – gesto fundador que vale a pena ser levado para fora deste lugar[2]. O mesmo Paulo tinha vislumbrado um "deus desconhecido" (*Ignoto Deo*), anunciado no peristilo de um templo grego, como um apetite divino, até mesmo como um pressentimento do cristianismo nesses "gentios" não tão "impuros" para ele; em suma: o suficiente para justificar a abolição do pátio que Paulo pratica, introduzindo-os no "santo dos santos".

O filósofo alemão Schelling desenvolveu no século XIX a intuição paulina ao interpretar o politeísmo grego como parte integrante do que chamou de "processo teogônico": este último sendo coextensivo à consciência de si e

---

[1] Apocalypse de Jean, 11: 2, Paris: Payot, 1995.

[2] "E então eis que ele introduziu gregos no templo, profanando este lugar sagrado", "Actes des Apôtres", 21: 28, *La Bible de Jérusalem*, Paris: Cerf, 2000.

chegando a esta depois de ter atravessado as "representações mitológicas"[3] que a habitam quando ainda não foi tomada nela mesma.

A mitologia desses "gentios", finalmente, não se tornará o "inconsciente" de Freud, com Édipo, Medeia, além de Diana de Éfeso, sem esquecer *Totem e tabu*?

Se me permito evocar alguns elementos dessa história, é para dizer que, longe de permanecer no pátio, como nos convidam hoje, os gentios integraram há muito tempo uma concepção do humano unido àquela a que foi dado o nome – questionável, retomarei isso mais tarde – de humanismo. Mas, voltemos ao pátio.

Na Idade Média, o pátio era o lugar dos mistérios. Ora, nos primórdios, o espaço da própria igreja se abria para espetáculos muitas vezes extravagantes, carnavalescos, mistura de vários gêneros em que o sagrado beirava o burlesco, a misoginia e a trivialidade. A hierarquia eclesial condenou esses devaneios que ofendiam a Deus e que foram, desde então, em torno do século XIV, exilados com firmeza, para o pátio. Um pátio que, vocês verão, não é um lugar seguro.

O termo "gentios" é um tanto quanto confuso. São Tomás de Aquino, em sua famosa *Suma contra os gentios* (o título, aliás, não é de sua autoria, mas de um copista), entende "gentios" no sentido de Paulo ser o "apóstolo dos gentios". Para ele, o termo designa os povos das nações não judaicas da Antiguidade, embora o teólogo utilize esse termo sobretudo para se referir aos filósofos gregos que conhece por meio de Aristóteles, esse "gentio" cuja lógica ele não se priva de emprestar. Mas, para melhor consolidar a "verdadeira religião", ele também trata do que chama de "erros" professados e praticados pelos judeus, muçulmanos e cristãos hereges contra a fé católica e a razão. Todos seriam gentios, em suma, se eles não fossem católicos?

A polissemia dos termos "pátio" e "gentios", de memória ambígua e controversa, torna intangível o projeto desse diálogo, por mais pertinente que possa ser. Sobretudo, quando aplicada à atualidade, a metáfora ignora a ruptura sem precedentes que ocorreu no seio do cristianismo, depois fora dele, para dar à luz ao humanismo renascentista, à filosofia iluminista, às liberdades e aos impasses da secularização e, finalmente, aos perigos e às promessas da técnica. A novidade desses eventos não tem nada de "gentio", na acepção da palavra que nos interessa, não só porque judeus estão envolvidos nessa secularização,

---

[3] "A consciência tem Deus em si, e não como *objeto* diante de si", escreve ele em suas aulas sobre *Le Monothéisme*, antes de dizer que o Universal é apenas uma "inversão" do Deus único do monoteísmo, "o Uno extro-vertido" e "voltado" para o Todo, o Uno-Todo projetado em suas concretudes em ato e em poder. Cf. F. W. J. von Schelling, *Le Monothéisme*, Paris: Vrin, 1992.

mas, sobretudo, porque ela não é o paganismo pré-monoteísta. Ao "cortar a relação com a tradição" grega, judaica e cristã, mas também "contra" ela, o humanismo secularizado propõe uma concepção sem precedentes da universalidade humana, quer seja composta de uma diversidade de cultos religiosos, quer não professe nenhuma crença.

A abertura de um diálogo dos crentes com esse humanismo secularizado poderá abrigar-se na metáfora de um espaço tão carregado de separações identitárias? Ela poderia compartilhar a ambição de um Henri de Lubac, que, em 1968, em *Ateísmo e sentido do homem*[4], comentando *Gaudium et spes*, designava o diálogo entre "humanismo laico" e "antropologia cristã" pelo termo "*confronto*", a se realizar pela "força de uma entrada espiritual dos dois protagonistas"? Um confronto que seria uma "arte da comunicação espiritual", que "não tem seu termo no sorriso"[5], mas continua a ser um "combate"[6] em torno das concepções do homem (a dos católicos sendo um "culto ao homem"[7], escreve ele), mas que deveria se conduzir pela "força de uma entrada espiritual dos dois protagonistas"[8]?

Esse confronto, essa luta, essa penetração mútua pela arte da comunicação espiritual são possíveis se uns são colocados no pátio e os outros detêm o santo dos santos? Pode-se duvidar disso, e temer que o confronto salutar desejado por Henri de Lubac não seja firmado por discursos paralelos num espaço de separação. Mas a intenção é de abertura, para além do peso das palavras que não o são. E aqueles que estão envolvidos hoje certamente darão o melhor de si para enfrentar o desafio. Então, obrigada por esse projeto, por esse convite, por esse desafio.

Por que ousar: Sartre e Heidegger

Dou o título de "Ousar o humanismo" ao meu texto. Por quê? Quando ele se congela em *sistemas* – o de Auguste Comte ou o de Marx, passando pelo "radicalismo secularizado" de que Sartre afirma conservar os valores morais

---

[4] Henri de Lubac, *Athéisme et sens de l'homme*, Paris: Cerf, 1968.

[5] *Ibidem*, p. 17.

[6] *Ibidem*, p. 19.

[7] *Ibidem*, p. 14.

[8] *Ibidem*, p. 17.

da religião, mas abandona sua garantia divina e que, consequentemente, são muitas teologias que se ignoram –, o humanismo surge como uma sobrevivência metafísica. Ele desloca o culto divino ao Absoluto na sociedade ou na natureza humana para fracassar numa "sociolatria" ou "humanolatria" que a filosofia contemporânea não deixou de ridicularizar.

Os dois textos sobre o humanismo que fizeram história depois do Holocausto, *O existencialismo é um humanismo*, de Sartre (conferência de 1945), e *Carta sobre o humanismo* para Jean Beaufret, de Heidegger, de 1946, mal aludem à genealogia bíblica e evangélica do conceito. Heidegger enfatiza em especial a origem romana do humanismo, ao passo que Sartre insiste na *liberdade na existência* que, no ser humano, precederia a *essência*; Heidegger desenvolve a *proximidade extática* do Ser de que o homem seria o "pastor": este se abriga na *linguagem*, mas permanece "oculto", inacessível para a filosofia. Incompatíveis e incomparáveis (*conferência de circunstância*, em Sartre; *texto meticulosamente escrito* por Heidegger), essas duas reflexões maiores, no entanto, têm em comum o fato de que propõem visões do homem que contornam o "ateísmo", abstendo-se até mesmo de comentar a ideia de Deus (*a eleição do homem* por Javé na Bíblia; um *Deus-Amor feito homem*, segundo o Evangelho).

Com ingenuidade fingida, Sartre afirma que "é muito incômodo que Deus não exista, pois com ele desaparece qualquer possibilidade de encontrar valores num céu inteligível"[9]. Desde então, "o homem, sem nenhum auxílio, está condenado a todo instante a inventar o homem"[10]; essa liberdade é tanto cheia de promessas quanto de riscos, pois o "valor não é nada mais que o sentido que nós escolhemos"[11]. Mais prudente e "poiético", Heidegger "não se mostra nem a favor, nem contra a existência de Deus", sem por isso aderir ao "indiferentismo" (o agnosticismo), uma vez que, "neste momento do destino mundial em que estamos", "o pensamento não excede a metafísica, superando-a […], mas descendo até a proximidade do mais próximo […] [esta] descida leva à *pobreza da ek-sistência* do *homo humanus*"[12]. Essa *pobreza*, na qual o filósofo procura o humano, reside no "esclarecimento" que vem da linguagem: pela simplicidade insólita da fala, em que as leis éticas "desceram novamente",

---

[9] Jean-Paul Sartre, *L'Existentialisme est un humanisme*, Paris: Gallimard, 1996, p. 38.

[10] *Ibidem*.

[11] *Ibidem*, p. 74.

[12] Martin Heidegger, *Lettre sur L'humanisme*, Paris: Éditions Montaigne, 1957, p. 113.

antes de ceder ao "passo lento" do "camponês pelo campo", para encerrar esse "amor pela sabedoria", que é o humanismo de acordo com a *Carta* a Beaufret.

Quaisquer que sejam as muitas faces dos humanismos, aqui grosseiramente esboçados, que eles se assumam ateus (Sartre) ou evitem fazê-lo (Heidegger), as perguntas sobre o humanismo deixam "vazia a parte do vazio" que "recobre essa palavra, a mais forte, a mais augusta e a mais opaca que pode existir, Deus"[13]. E tentam construir uma representação do homem, "transvalorando" (Nietzsche) certas representações anteriores provindas da tradição greco-bíblico-evangélica. "O humanismo não situa alto o suficiente o *humanitas* do homem", escreve Heidegger[14], não tão hostil, em última análise, a um humanismo... a se repensar infinitamente; mas desde que ele vise a esse "alto" na "descida" para a mais profunda pobreza da linguagem.

É nesse espírito, senão nessa escola, que evocarei três momentos ao longo dos quais se cristalizou a ideia do homem secularizado, em debate com a tradição da Antiguidade, do judaísmo e do cristianismo, e diante das mudanças históricas, técnicas e científicas – Erasmo, o século XVIII e Freud –, para mostrar que não é uma negação de Deus que nos propõe essa história do humanismo, mas uma pergunta sobre o "ser do homem". Este se revela coextensivo tanto à *necessidade de crer*, própria à religiosidade antropológica (que deve ser distinguida da religião institucionalizada), quanto ao desejo de saber, que impulsiona a liberdade de pensar: dois *universais humanos* que levarão o humanismo, dito secularizado, à renúncia da fixação de um Objeto absoluto do desejo para todos, homens e mulheres, sem por isso renunciar à necessidade de crer ou ao desejo de saber, e muito menos aos meios de elucidá-los ao acompanhá-los.

Entre os construtores: Erasmo, as Luzes e Freud

Erasmo ou como domar a loucura
Contrariamente ao que se acredita, não é o *Homo romanus* que Erasmo (1469-1536) recupera quando escreve seu *Elogio à loucura* (1509, publicado em 1511). Nem mais sistema filosófico, nem menos programa político, no momento de sua cristalização em Erasmo, o humanismo é uma experiência

---

[13] Maurice Blanchot, *L'Entretien infini*, Paris: Gallimard, 1969, p. 179.

[14] Martin Heidegger, *Lettre sur L'humanisme, op. cit.*, p. 87.

da linguagem que doma a loucura e sonha com a paz. Constituiria ele uma mensagem de moderação? Mais especificamente, o humanismo de Erasmo, ao descrever a louca errância dos seres humanos, ambiciona demonstrar o absurdo das guerras, a começar por aquelas desencadeadas por conflitos religiosos. Dissidente inalcançável, Erasmo, a "enguia", escapa das mãos de Lutero e do controle do Vaticano. Seu profundo conhecimento da cultura greco-romana, que ele cuidadosamente estudou, leva-o a retraduzir a Vulgata cujo autor, porém, elogia, São Jerônimo. Mas se esse neerlandês está se tornando a principal figura do humanismo renascentista, é mais por sua arte de domar nossa inquietante estranheza, a mais preocupante delas, porque a "mais próxima": a loucura (no *Elogio*) e a imaturidade da infância, que não deixa de nos habitar (em *Civilidade pueril*, 1530, destinada ao príncipe Henrique de Borgonha).

Assim, o teólogo Erasmo, afeito à retórica greco-romana, rompe com a teologia e funda o humanismo renascentista quando se expressa pela boca de D. *Loucura* (conhecida também como D. Insensatez): "Sem mim (declara ela), o mundo não pode viver um só instante". Sem ser uma essência sagrada, muito menos um animal racional, o ser humano levaria uma existência louca? Esta constituiria uma aberração trágica, cômica ou, mais provavelmente, ambas? D. Loucura é meu *alter ego*, o seu, o dos santos também. Todos desdobrados, dissociados, "clivados", dizem hoje os terapeutas, e todos de forma diferente. O que fazer?

Erasmo não nos propõe a absolvição, mas nos oferece a linguagem: uma *declamação*. Ele coloca a D. *Loucura* nos cavaletes de feira: seu *Elogio* seria uma sátira? No entanto, não é ele quem fala, *eu* já é um *outro*, *uma outra*: uma mulher que perde a razão. Eu/ela revê as torpezas, a devastação, as guerras e o derramamento de sangue, frutos das paixões no cio que não poupam ninguém: os próprios apóstolos, os místicos e os amantes não escapam de D. Loucura. É um panfleto! Não muito, estou sendo irônica. Teatral, carnavalesco, polifônico, o humanismo do *Elogio* não nos transcende, ele nos busca no mais inconfessável. Como contraponto a um certo "humanismo cristão", que cultiva a superação de si, uma forma de heroísmo, Erasmo reconhece, por domá-la, a vulnerabilidade do ser humano e aposta numa vida comum, mesmo que as paixões muitas vezes prevaleçam sobre a moral.

Simples "etapa estética irônica" como resposta à propedêutica? Quando, vinte anos mais tarde, ele se torna pedagogo, Erasmo vai manter essa atitude, na qual não tem vez nenhum teomorfismo, e pedirá aos professores que "revivam a infância", por intermédio do jogo ou da brincadeira, que, se sustentado por um código ético, se transforma em projeto de vida. Paulo de Tarso havia dito isso: "Irmãos, não sejam crianças no entendimento, mas sejam crianças na malícia e adultos no entendimento" (Coríntios, 14: 20). Erasmo sabia disso, e dessa mensagem paulina ele mudou a letra para fazer dela uma experiência interior e uma difusão.

Diderot e Sade: enfermidade, paixão, impudência de enunciar
Tentemos entender como, assim iniciado, o humanismo se separou do que se chamou, a *posteriori*, de "humanismo cristão", que resumiria a "superação" segundo Pascal: "Saibam que o homem ultrapassa infinitamente o homem. [...] Escutem Deus"[15]. Desde Nietzsche, que o formulou no final do século, o diagnóstico se espalha e se agrava hoje: atribuindo aos seres humanos a preocupação de se elevar, de se transcender, o humanismo cristão e algumas correntes ditas humanistas depois dele iriam impor uma dupla e perigosa imagem do homem. Apresentado como uma criatura pecadora, caída em desgraça, miserável ou "bionegativa", o homem é, no entanto, suscetível ao heroísmo que termina no "existencialismo da obstinação" (Sloterdijk) no cotidiano, quando não no culto olímpico.

Em busca perpétua por Deus e tomada por um defeito originário (o "pecado" dos teólogos; a "prematuração", de acordo com a abordagem biopsicológica), a humanidade seria uma espécie deficiente; enquanto o humanismo que dela decorre se vê condenado a se retirar na única universalidade que lhe resta, a dos feridos e dos enfermos.

Esses vestígios do cristianismo expiatório vêm acompanhados de seu avesso simétrico e solidário, a heroização da vulnerabilidade universal: por exemplo, na premiação dos Jogos Olímpicos ou na forma *politically correct* da deficiência, que só é tolerável, no sentido midiático do termo, se o atleta deficiente consegue ganhar uma medalha nesses mesmos jogos. Uma das principais correntes do pretenso humanismo moderno, normativo, normalizante, afeito ao desempenho e à competitividade empresarial na corrida do "trabalhar mais para ganhar mais", compartilha dessa filosofia. Enquanto outra, sob o pretexto de desconstruí-la, lisonjeia a denegação da mais insidiosa das exclusões, as deficiências, que assustam porque nos confrontam

---

[15] Blaise Pascal, "Pensées", *in: Oeuvres complètes*, t. 2, Paris: Gallimard, 1999, § 131. Cf. também do mesmo autor *Pensées: classées selon les indications manuscrites de Pascal*, Paris: Cerf, 2005, § 371, p. 235.

com a mortalidade psíquica e física, e acentua a indiferença crescente do corpo social e das autoridades políticas sobre esse assunto.

Eu sinto a redução do humanismo a esses dois extremos (miserabilismo/"fragilitismo" e obstinação reparadora ou heroizante) como um verdadeiro abuso da experiência específica e complexa das pessoas deficientes. Mas também como um esquecimento de um componente essencial do humanismo: o Iluminismo francês, que, principalmente com Diderot e Sade, descortina o miserabilismo, assim como o "existencialismo da obstinação", e abre de maneira mais corajosa do que em qualquer outro lugar o palco das paixões singulares e do "como viver junto com elas".

Recordemos: o ex-cônego Diderot não tinha esquecido a miséria do corpo humano. Ele foi buscá-la no corpo deficiente, no corpo de um cego de Cambridge, mais precisamente, geômetra genial que tinha a "alma ao alcance das mãos" e calculava como ninguém quantidades nunca vistas antes. Diderot lhe dedicou sua *Carta sobre os cegos para o uso daqueles que veem* (1749), na qual se rebela, assim, pelo viés da deficiência, contra a teologia da predestinação; de deísta que era, torna-se ateu, o que lhe valeu ser preso na Bastilha: nasce o *humanismo político*.

Além disso, Diderot vai depois aprofundar essa dimensão horizontal do novo *humanismo político*. Sua *Carta sobre os surdos e os mudos* (1751) procede, por extensão de sentido, para se dirigir *a todos aqueles que já não sabem nem escutar nem ouvir*. Colocando à parte o obscurantismo e clamando pela liberdade de pensamento sob a monarquia, ele se dirige ao *espaço interior* de cada um, à experiência subjetiva do que "escutar" e "ouvir" querem dizer. Ele se lembrou do Apocalipse segundo João? "Bem-aventurado aquele que lê e aqueles que ouvem" (Apocalipse, 1: 3). Em tempos de catástrofe social ou cósmica, é por uma reinvenção das capacidades de pensar que a vida poderá recomeçar, não como uma vida puramente fisiológica, que seria uma *zoologia*, mas como uma *biografia*: uma irredutível subjetividade que seja compartilhável.

Com o Iluminismo e até Freud, o humanismo será, sobretudo, um *erotismo*, no sentido etimológico do termo: desejo e prazer em criar laços, viver junto, sem esquecer a capacidade de ficar só, o erotismo em questão é dado como a face solar de nossa vulnerabilidade, não "em falta", nem trágica, mas criativa, inovadora. De imediato, no entanto, ele vem acompanhado de uma aporia: como seria possível viver esse erotismo sem a mistura de repressão e de ilusões que as religiões tecem em torno dele?

Diderot, de maneira valente, aborda o dilema e tem dificuldade para encontrar a resposta no *Diálogo de um filósofo com a esposa do marechal de* ***, a qual, ecoando a aposta de Pascal, pergunta a esse mestre incrédulo: "O que você ganha com isso, em não crer?". Servimos de exemplo para alguma coisa, subentende a interlocutora, e se Thomas Crudeli, o filósofo, não busca nem recompensa do céu, nem gozo sobre a Terra, "é triste", conclui ela. A única alternativa que o ateu opõe à esposa do marechal, contra a religião que refreia as más paixões, é apenas "a inclinação natural à bondade", fortalecida pela educação e pela idade. A boa católica não acredita muito nisso e será preciso esperar, para pôr um fim ao diálogo, o argumento decisivo do filósofo: as religiões não são substituídas pelas paixões, mas as atiçam, elas são fontes de divergência porque baseadas num ser incompreensível, por quem os homens não conseguem se entender.

De outra forma, o tom zombeteiro do escritor contra o confinamento abusivo em *A religiosa* muda abruptamente: seus amigos o encontram em lágrimas, incapaz de terminar o manuscrito dessa "minha novela que faço para mim". Pois, deixando o convento – onde ela foi obrigada a mortificar o corpo ou a entregá-lo ao abuso de uma superiora ninfomaníaca –, sua religiosa não vê nenhum sentido na vida. Não mais que o próprio Diderot para fazer disso um romance. Somente alguns anos mais tarde, em *O sobrinho de Rameau*, através de um diálogo entre Ele, o músico libertário e espasmódico, e Eu, o filósofo, que o humanismo da complexidade psicossexual se esboça por intermédio de uma liberação sem precedentes da palavra – liberação que Hegel, ponderando sobre *O sobrinho de Rameau*, chamará de "impudência de enunciar": a marca distintiva da cultura, e especialmente da cultura francesa.

Ao mesmo tempo, enquanto Rousseau (em *A nova Heloísa* e em *Emílio*) inventa o casal moderno biface, abrigo da procriação da espécie e berçário de cidadãos para o Estado burguês, a impudência do enunciado de Marquês de Sade revela a crueldade do poder pulsional dos homens e das mulheres, quando afirmam igualar o infinito não mais no além, mas nivelado às paixões humanas. Do *Diálogo entre um padre e um moribundo* ao castelo de Silling em *Cento e vinte dias de Sodoma*, o livre curso dado aos desejos mais singulares se opõe tanto à denegação do prazer pelos interditos religiosos quanto à massificação desse prazer pelos dogmas, religiosos ou políticos. Liberta da causa divina e das restrições morais que ela estabelece, a infinita transcendência de nossos desejos só pode ser substituída pelo infinito dos prazeres de morte: a crueldade subsegue-se, e também o que vai ser chamado de "sadismo", quando se quer ignorar que o imaginário assustador de Sade, necessariamente não social, é feito de palavras.

É na precisão depurada da linguagem, de fato, e em microssociedades tão secretas quanto fantasiosas, como um discreto lembrete dos mosteiros de estrita observância, que essa verdade cruel do desejo se desenrola infinitamente, no singular mais extravagante. Insuportável transgressão da lei moral, em última instância divina, o gozo de morte singularizado se formula como uma blasfêmia invejosa do poder do próprio Ser Supremo, seja ele religioso ou republicano, desmascarado *in fine* como um "Ser supremo em maldade". Como a realização desse gozar monstruosamente particular só pode ser imundo, é, pelo contrário, por renunciar ao mundo, que a escrita de Sade encontra seu gozo no esclarecimento, por uma imaginação desenfreada, dos infinitos excessos das paixões.

A energia negra desse novo *Elogio da loucura*, como um avesso satânico do teísmo e como um sarcástico desastre do humanismo, abandona em Sade a prudência humanista dos predecessores; e suas próprias aporias indicam ao leitor, fascinado ou torturado, o vazio que a modernidade está longe de ter preenchido: como pensar "no mundo", é possível compartilhar na realidade dos laços humanos o infinito impulso do desejo e seus colapsos – sem o código protetor promulgado pela Causa divina e sua consubstancial consciência moral?

Freud: entre necessidade de crer e desejo de saber
Aqui intervém a descoberta do inconsciente e se esboça uma nova versão do humanismo, ainda e sempre ignorado. A partir de 1911, em suas "Formulações sobre os dois princípios do acontecer psíquico", Freud postula uma "revolução psíquica da matéria", que constituiu a hominização e especificou o ser humano: à onipotência do "princípio do prazer", que domina o vivente e o humano em suas origens, sucede a instauração do "princípio de realidade". Quando uma parte da energia pulsional é investida como representação psíquica, é a assunção de sua singularidade que se representa ao ser falante como uma unidade simbólica transcendendo o organismo assim como a realidade externa objetiva[16].

Com isso, devemos entender que, enquanto a pulsão animal segue o curso geral da espécie, a representação psíquica (a *psiquização*) renuncia à

---

[16] "[...] e eis nossa libido mais uma vez livre para substituir os objetos perdidos por objetos, se possível, tão preciosos quanto ou mais preciosos", Sigmund Freud, "Éphémère Destinée", *in: Résultats, Idées, problèmes, op. cit.*, p. 236.

satisfação pulsional imediata, e é uma *realidade psíquica* distinta da *realidade exterior* que o ser humano toma como finalidade de seus prazeres de um novo tipo. Será dito que ele é "investido" (*Besetzung* [em alemão], *cathexis* [em inglês]: vamos guardar essas palavras). A realidade psíquica, distinta da realidade do corpo e de seu meio, torna-se, por sua vez, portanto, uma fonte de prazer na busca infinita e incessante por um objeto de desejo que, interminavelmente, se subtrai.

Essa psiquização comporta uma condição maior indispensável. Enquanto Romain Rolland levou Freud a reconhecer no contato materno um "sentimento oceânico" como o protótipo do êxtase no qual se destaca a experiência religiosa, é a identificação primária, *Einfühlung*, com a figura do Pai da "pré-história individual", que orienta, segundo Freud, o objetivo pulsional, separando-o da única satisfação sensorial e sustentando sua capacidade de investir as representações psíquicas. Notem que esta experiência se situa antes da revolta de Édipo contra Laio. Muito cedo, portanto, o futuro ser falante investe a função do pai que o reconhece e que ele reconhece; o pai da "pré-história individual" não sendo um "objeto" de satisfação, mas um "polo de identificação", dons e expectativas recíprocas de reconhecimento.

O ato psíquico colocado aqui em evidência, o "investimento", se diz em sânscrito **kredh*, **sraddha*; em latim, *credo*. Levada pelo desejo materno para o pai (o dela e/ou o da criança), esta *Einfühlung* – "unificação", "tornar-se *um* com o pai" – constitui uma ocorrência pré-religiosa do "crer" como uma necessidade antropológica universal. Por isso, esta *Einfühlung* na necessidade de crer surge como uma pré-condição da linguagem, atravessando a díade oceânica mãe/*infans* e se dirigindo ao Terceiro em que se realiza a "assunção do sujeito". "Eu cri e falei", diz o salmista (Salmo 116), retomado por Paulo em sua Segunda Epístola aos Coríntios (4: 13).

O monoteísmo celebra essa verdade antropológica que é o desejo do pai por intermédio da necessidade de crer, abrindo o caminho para a fala. Lacan expressa isso à sua maneira: "Por um nada, dizê-lo, isso faz Deus"[17]. O próprio Freud se convencerá de que as religiões institucionalizam algumas etapas dessa dinâmica e, por vezes, consolidam o prazer de imaginar e de pensar, porém, mais frequentemente, entravam o desejo de inovar ao pensar. Ao contrário, uma certa renúncia pulsional e a necessidade de crer retomada pelo desejo de saber na experiência complexa da subjetividade lhe parecem necessárias

---

[17] Jacques Lacan, "Le Séminaire", *in: Encore*, livro 20, Paris: Seuil, 1975, p. 44.

à cultura, qualquer que seja ela: eles não podem se dissolver, eles só podem "se sublimar"[18].

Para ser vertical em sua superação ascensional em direção à Lei ou ao Ideal (passando pelo pai da pré-história individual e depois pelo Édipo), essa dimensão do *Homo religiosus* não é exclusivamente ascética, mas comporta tanto seu inferno como seu paraíso. A experiência interior da mística, em especial, construiu a complexidade psicossexual do homem e da mulher ocidentais: *"Ego affectus est"* e *"Experto crede"*, disse São Bernardo, um tanto belicoso, mas grande apaixonado, contemporâneo dos trovadores, precursor do Renascimento; "Peço a Deus para me deixar livre de Deus", insiste por sua vez mestre Eckhart, legando seu vocabulário místico à filosofia alemã; "Joguem, minhas irmãs, xadrez, sim, para dar um xeque-mate no Senhor", sugere enfim num sorriso Teresa de Ávila.

No entanto, paralelamente a esses avanços na necessidade de crer em que, ainda segundo Freud, mística e psicanálise visariam a um "ponto de interesse similar", a psicanálise – com as ciências humanas – levanta uma questão mais geral sobre a estrutura do *Homo religiosus*. Este só poderia esclarecer o "enamoródio" que o porta dando um passo para o lado e tomando-se a si mesmo como objeto de pensamento. Ao desenvolver sua teologia, abrindo-a às múltiplas interpretações das múltiplas variantes das necessidades de crer? A pesquisa psicanalítica está apostando que é possível dizer o amor pelo outro, infinitamente; analisar-se analisando-o, infinitamente? A psicanálise seria uma das variantes da teologia? Sua variante última, quem sabe, *hic et nunc*[19]?

Os novos atores do humanismo: as mulheres, as mães, os adolescentes

Uma vez liberadas as paixões, a escuta psicanalítica nos permite abordar os novos atores do humanismo – as mulheres, as mães, os adolescentes (entre outros) –, cuja irrupção na cultura e na política incomoda hoje as ideologias tradicionais, quer se trate dos dogmas das religiões reveladas ou do humanismo desfalecido.

Sempre será preciso repetir: de Théroigne de Méricourt a Louise Michel e Simone de Beauvoir, o *humanismo é um feminismo*. Entretanto, o acesso –

---

[18] Cf. carta de Freud a Jung, de 13 de fevereiro de 1910, *in*: Sigmund Freud e Carl Gustav Jung, *Correspondance (1906-1914)*, *op. cit.*

[19] Cf. Julia Kristeva, *Thérèse mon amour*, Paris: Fayard, 2008, pp. 468-469.

inacabado – das mulheres à liberdade de amar, procriar, pensar, empreender ou governar não deixa de lembrar que, embora uma parte importante da pesquisa em psicanálise contemporânea se dedique hoje à relação precoce mãe/filho, a civilização nascida da secularização é a única que não tem nenhum discurso sobre a maternidade.

O que é uma mãe? Ela é a agente do que chamarei de *reliança*. Antes da necessidade de crer que a identificação primária com o Pai da pré-história individual cristaliza, a *reliança* materna intervém no início do desenvolvimento do psiquismo, precedendo, assim, a necessidade de crer institucionalizada pelas religiões. A mãe constrói com cada novo filho um código sensível, a pré-linguagem, para levá-lo à linguagem. Como um sujeito mulher, ainda por cima amante e sempre mais solicitada profissionalmente, ela poderia dizer "eu" nesse cruzamento da paixão/vocação materna? Não haverá novo humanismo enquanto as mães, como agentes dessa reliança, não souberem tomar a palavra.

Mas se o humanismo é um feminismo, ele também é uma *adolescência*. Por que esses adolescentes anoréxicos, suicidas, toxicômanos, incendiários ou ainda sonhadores, inovadores, libertadores, românticos fascinam e dão medo? Porque eles são apaixonados sem ideal que creem firmemente que o Objeto de amor absoluto existe. Como eles não o encontram, esses Adão e Eva, esses Romeu e Julieta se tornam arruaceiros niilistas, homens-bomba... A civilização nascida da secularização é também a única na qual faltam ritos de iniciação para seus adolescentes. Os terapeutas, os educadores, os sociólogos, os pais saberão decifrar essas "doenças de idealidade", essa necessidade de crer que aparece, por exemplo, nos excessos eróticos e na passagem ao ato mortal (tanática)[20] nos quais se envolvem?

Para terminar, evocarei os desafios da técnica e da interculturalidade que o humanismo, se desacreditado, deverá considerar, pois me atrevo a pensar que ele pode se reconstruir de modo contínuo.

Experiência interior e hiperconectividade

Assistiremos, no limiar do terceiro milênio, na cultura do trabalho hiperconectado e das tecnologias inteligentes que se introduzem na mais reservada

---

[20] Cf. Julia Kristeva, "L'Adolescence, un syndrome d'idéalité", *in: La Haine et le pardon, op. cit.*, pp. 447-478.

das intimidades, agora em vias de colonização biotécnica, ao desaparecimento do *espaço interior* de que gozava Teresa com suas sete "moradas" e que Diderot, atento aos surdos e mudos, já procurava reabilitar?

No fim de sua *Crítica da razão pura*, Kant entrevê a possibilidade de uma relação da "ideia de um mundo moral [...] com um *corpus mysticum* dos seres racionais nele incluídos"[21]. Os novos laços criados pelas redes sociais na Internet, a fraternidade e a solidariedade que eles parecem à primeira vista favorecer não têm nada em comum com a metáfora da união consigo mesmo e com o completamente outro. Foi em vão, na mesma ordem de pensamento, esperar que a globalização, no que ela tem de mais promissor – a universalização dos princípios que fundaram os direitos humanos – colocasse um fim na barbárie cuja persistência no mundo é ainda mais cruelmente enfatizada pela transparência da mídia.

Esse pacto com o Completamente Outro, sob a influência do qual está o sujeito místico, não poderia ser reduzido somente às leis morais que ele converte em amor absoluto. E se muitos de nós hoje tentam descobrir ou revisitar o *corpus mysticum* para se reinventar, é a ausência de uma experiência e de um discurso amoroso moderno que mantém a sua busca.

Outros de nossos contemporâneos afirmam que um tipo de humanismo do terceiro milênio, abolindo o espaço subjetivo supostamente narcísico e "humanólatro", deve surgir da onipotência das finanças, da comunicação e das tecnologias inteligentes, às quais conviria, consequentemente, deixar livre curso. O *Big Brother* da *biotech century* promete um si virtual "sempre vencedor" e não quer saber nada da incomensurável intimidade legada pela descoberta freudiana. Eu procuro, eu descubro, eu ouço, eu compartilho a linguagem singular deste homem, daquela mulher: a revisão do humanismo está à escuta do singular.

Quaisquer que sejam suas formas, são *mudanças do sujeito singular*, formadas na esteira da tradição greco-judaico-cristã, que constituem o último enigma com o qual nos confrontam os tempos modernos. A família recomposta e a alteração das estruturas edipianas a que ela induz, mas também a emergência de culturas que não parecem compartilhar de nossos princípios de liberdade individual, por mais significativos que eles sejam, não eliminam profundamente a universalidade das constantes antropológicas, do modo como foram descobertas e depois estabelecidas pelos monoteísmos e

---

[21] Immanuel Kant, *in: Oeuvres philosophiques*, t. 1, Paris: Gallimard, 1980, p. 1369 e nota 3, p. 467.

do modo como a experiência analítica desde Freud se esforça para elucidar. Essas mudanças, no entanto, forçam-nos a considerar, certamente com tolerância, mas também com firmeza, tanto os códigos éticos, sem os quais a autonomia do pensamento e a liberdade do sujeito não poderiam subsistir, que se cristalizaram simultaneamente nessa tradição e por meio de suas rupturas, quanto suas contingências transgressoras, contestatárias, "*queer*" ou "impuras".

Sustento que, inaugurada pelo Renascimento e pelo Iluminismo, após a *modernidade normativa* do judaísmo moderno (Hermann Cohen, Franz Rosenzweig, Gershom Scholem, Emmanuel Levinas) e a *modernidade crítica* (Nietzsche e Heidegger apropriados ou reinventados por Kafka, Benjamin, Arendt), uma terceira modernidade está se descobrindo, a do *humanismo analítico*. De inspiração freudiana, ela pode abrir todas as tradições religiosas do mundo globalizado para a experiência do pensamento.

Chineses e europeus: universal ou multiverso?

O encontro das culturas é certamente um outro desafio essencial com o qual a globalização atual nos confronta. Um exemplo dos mais significativos é o do encontro da tradição chinesa com o monoteísmo judaico e cristão.

Contemporâneo da missão jesuíta na China, Leibniz considerava com seus antecessores que os chineses não só não conheciam "nosso Deus", mas entendiam a própria matéria como provida de uma espécie de inteligência, de Lei, *li*. E o matemático, por ser visionário de um... "humanismo" à chinesa, cujo enigma ainda nos escapa e que não deixamos de estigmatizar como uma "arrogância". Seria porque ele parece mais confortável numa adaptação à lógica do empreendimento e da conexão em que o Si se reduz a um ponto de impacto das infinitas dobras cósmicas e sociais (hoje claramente nacionais, e que chegam a anulá-lo)? Diante dele, a permanente desconstrução/construção universal seria uma deficiência que corre o risco de impedir nossa competitividade empreendedora?

Ao contrário, sustento que, ao ignorar as lógicas da experiência interior, corre-se o risco de ver a angústia da finitude e a explosão da violência contrariar a todo instante a conectividade, a cooperação e a reparação por homeotécnica desse mundo ideal que nos promete a Nova Aliança na complexidade. A humanidade globalizada busca um encontro entre, por um lado, a adaptabilidade chinesa às inteligências cósmicas e sociais e, por outro, a interação política entre as complexidades psicossomáticas cujo humanismo pós-cristão é assim resumido por Proust: "Os doentes se sentem mais perto de sua alma"[22].

Sugeri apenas algumas variedades dessa humanidade que nos aparece a partir de então não mais como um universo, mas como o que eu chamo de "multiverso", metáfora que empresto de bom grado, num tempo em que a astrofísica remodela nossa compreensão do humano, da chamada teoria das "supercordas" (da física quântica que faz proliferarem os universos possíveis, e da inflação que os leva a existir). Uma meta-Lei governa o conjunto: há uma humanidade universal cujo conceito e cuja prática vieram do monoteísmo universalista e da ruptura com ele, mas a singularidade de cada um de seus componentes é de um tal refinamento que a lei geral assume modalidades específicas. Se é possível que, diante das diversidades emergentes, testemunhemos o advento de um *humanismo multiversal*, também é verdade que ele só será possível a partir de e com a nossa tradição do universal.

---

[22] Marcel Proust, *Les Plaisirs et les jours, op. cit.*, pp. 85-86.

Dez princípios
para o humanismo do século XXI

O que é o humanismo? Uma interrogação da maior seriedade? Foi na tradição europeia, greco-judaico-cristã, que se produziu esse movimento, que continua a prometer, decepcionar e se transformar.

Quando Jesus se descreve (João, 8: 24) nos mesmos termos de Elohim, que se dirige a Moisés (Êxodo, 3: 14), dizendo "Eu sou", ele define o homem – e antecipa o humanismo – como uma "singularidade indestrutível" (nas palavras de Bento XVI)[1]. Singularidade indestrutível que não só o reconecta ao divino para além da genealogia de Abraão (como já fazia o povo de Israel), mas que inova. Pois, se o "Eu sou" de Jesus se estende do passado e do presente até o futuro e ao universo, então a sarça ardente e a Cruz tornam-se universais.

Quando o Renascimento, com Erasmo, o Iluminismo, com Diderot, Voltaire, Rousseau, mas também com o Marquês de Sade e até com esse judeu ateu Sigmund Freud, proclamam a liberdade – dos homens e das mulheres – de se rebelar contra os dogmas e as opressões, de emancipar o espírito e o corpo, de questionar qualquer certeza, ordem ou valor, foi para um niilismo apocalíptico que abriram caminho? Ao combater o obscurantismo, a secularização se esqueceu de se interrogar sobre a *necessidade de crer* que subentende o *desejo de saber*, bem como sobre os limites a serem colocados no desejo de morte – para viver juntos.

No entanto, não é o humanismo, mas as derivas sectárias, tecnicistas e negacionistas da secularização que caíram na "banalidade do mal" e que hoje favorecem a automatização em curso da espécie humana. "Não tenhais medo!" (Isaías, 44: 8 e Mateus, 17: 7) – essas palavras de João Paulo II não se dirigem apenas aos crentes, encorajados a resistir ao totalitarismo. O apelo desse papa,

---

[1] Bento XVI, "Jésus de Nazareth", v. 1, *in: Du Baptême dans le Jourdain à la Transfiguration*, Paris: Flammarion, 2007, pp. 285-286 e 374-375.

apóstolo dos direitos humanos, nos encoraja a não temer a cultura europeia e, acima de tudo, a ousar o humanismo: construindo cumplicidades entre o humanismo cristão e aquele que, provindo do Renascimento e do Iluminismo, tem a ambição de explicar os arriscados caminhos da liberdade. Um agradecimento hoje ao papa Bento XVI por ter engajado, pela primeira vez nessas paragens, humanistas como vocês.

É por isso que, com vocês na terra de Assis, meus pensamentos se voltam a São Francisco, que "não busca tanto ser compreendido, mas compreender", nem "ser amado, mas amar"[2]; que desperta a espiritualidade das mulheres com o legado de Santa Clara; que coloca a criança no centro da cultura europeia ao criar a festa de Natal; e que, pouco antes de sua morte, já como humanista de vanguarda, envia sua carta "aos habitantes do mundo inteiro"[3]. Também penso em Giotto, que transforma os textos sagrados em imagens vivas da vida cotidiana dos homens e das mulheres de seu tempo, e desafia o mundo moderno a fustigar o rito tóxico do espetáculo hoje onipresente.

Ainda podemos falar do humanismo? Ou melhor: podemos falar o humanismo?

É Dante Alighieri que me interpela neste momento, celebrando São Francisco no Paraíso de sua *Divina comédia*. Dante fundou uma teologia católica do humanismo demonstrando que ele só existe se nós nos transcendermos na linguagem pela invenção de novas linguagens. Como ele mesmo fez, escrevendo num estilo novo a língua corrente italiana e inventando neologismos. "Ultrapassar o humano no humano" ("*transumanar*") (Paraíso, canto 1, verso 69), diz ele, tal seria o caminho da verdade. Tratar-se-ia de "atar" no sentido de "acoplar" ("*s'indova*", colocar-se lá, no "onde") (Paraíso, canto 33, verso 138) – como se atam o círculo e a imagem numa roseta – o divino e o humano em Cristo, o físico e o psíquico no ser humano.

Desse humanismo cristão, entendido como um "ultrapassamento" do humano no acoplamento dos desejos e do sentido pela linguagem" (se for uma linguagem de amor), o humanismo secularizado é o herdeiro muitas vezes inconsciente. E ele se separa dele, aprimorando suas lógicas próprias, das quais eu gostaria de esboçar *Dez princípios*. Que não são dez mandamentos, mas dez convites para pensar pontes possíveis entre nós.

---

[2] Oração tradicionalmente atribuída a São Francisco, talvez inspirada nas *Actes du Bienheureux François et de ses compagnons*, Paris: Cerf, 2008.

[3] Francisco de Assis, "Lettre à tous les fidèles", in: *Écrits, vies, témoignages*, v. 1, Paris: Cerf, 2010, p. 343.

1. O humanismo do século XXI não é um teomorfismo. O homem maiúsculo não existe. Nem "valor", nem "fim" superior, nenhum pouso do divino no mais soberano dos atos de alguns homens chamados de "gênios" desde o Renascimento. Depois do Holocausto e do Gulag, o humanismo tem o dever de lembrar aos homens e às mulheres que, se nós pensamos ser os únicos legisladores, é apenas pelo questionamento contínuo de nossa situação pessoal, histórica e social que podemos decidir sobre a sociedade e a história. Hoje, longe de "desglobalizar", devem ser criadas novas regras internacionais para regular e controlar as finanças e a economia global e, à longo prazo, uma governança global ética universal e solidária.

2. Como processo de revisão permanente, o humanismo só se desenvolve por rupturas, que são inovações (o termo bíblico *hiddouch* significa inauguração-inovação-renovação; *enkainosis* e *anakainosis*; *novatio* e *renovatio*). Conhecer intimamente o legado greco-judaico-cristão, examiná-lo em profundidade, transvalorar (Nietzsche) a tradição: não há outro meio de combater a ignorância e a censura e, assim, facilitar a coexistência das memórias culturais construídas ao longo da história.

3. Filho da cultura europeia, o humanismo é o encontro das diferenças culturais favorecido pela globalização e pela informatização. O humanismo respeita, traduz e reavalia as variantes da necessidade de crer e dos desejos de saber, que são universais para todas as civilizações.

4. Humanistas, "não somos anjos, nós temos um corpo". Assim se expressa Santa Teresa de Ávila[4] no século XVI, inaugurando, para além da Contrarreforma, uma verdadeira revolução barroca que inicia o século das Luzes. No entanto, o livre desejo é um desejo de morte, e seria preciso esperar a psicanálise para recolher, na única e última regulamentação da linguagem, a liberdade dos desejos que o humanismo não censura, nem lisonjeia, mas se propõe a elucidar, acompanhar e sublimar.

---

[4] Santa Teresa de Ávila, *Livro da vida*, capítulo 22, parágrafo 10, São Paulo: Penguin-Companhia das Letras, 2010.

5. O humanismo é um feminismo. A liberação dos desejos devia levar à emancipação das mulheres. Após os filósofos do Iluminismo, que desbravaram o caminho, as mulheres da Revolução Francesa a exigiram, com Théroigne de Méricourt, Olympe de Gouge, até Flora Tristan, Louise Michel e Simone de Beauvoir, e eu não estou esquecendo as lutas das sufragistas inglesas, nem as das chinesas desde a Revolução Burguesa de 4 de maio de 1919. A luta por uma paridade econômica, jurídica e política necessita de uma nova reflexão sobre a escolha e a responsabilidade da maternidade. A secularização ainda é a única civilização que não tem discurso sobre a maternidade. O laço passional entre mãe e filho, este primeiro outro, aurora do amor e da hominização, o laço no qual a continuidade biológica se transforma em sentido, alteridade e palavra é uma *reliança*. Diferente da religiosidade e da função paterna, a reliança materna as completa e participa plenamente da ética humanista.

6. Humanistas, é pela singularidade compartilhável da experiência interior que podemos lutar contra esta nova banalidade do mal: a automatização em curso da espécie humana. Pelo fato de sermos seres que falam, escrevem, desenham, pintam, tocam, brincam, jogam, calculam, imaginam e pensam, não estamos condenados a nos tornar "elementos de linguagem" na hiperconexão acelerada. O infinito das capacidades de representação é nosso *habitat*, o profundo e a entrega são nossa liberdade.

7. Mas a Babel das linguagens também gera caos e desordens que o humanismo nunca regulará apenas pela escuta atenta dedicada às linguagens dos outros. Chegou a hora de retomar os códigos morais do passado: sem enfraquecê-los, para problematizá-los, renovando-os em função das novas singularidades. Longe de serem puros arcaísmos, os interditos e os limites são proteções que não poderiam ser ignoradas sem suprimir a memória que constitui o pacto dos humanos entre eles e com o planeta, os planetas. A história não é passado: a Bíblia, os Evangelhos, o Corão, o Rigveda, o Tao nos habitam no presente. É utópico criar novos mitos coletivos, tampouco basta interpretar os antigos. Cabe a nós reescrevê-los, repensá-los, revivê-los: nas linguagens da modernidade.

8. Não há mais universo, a pesquisa científica descobre e continua a investigar o "multiverso". Multiplicidade das culturas, religiões, gostos e criações. Multiplicidades dos espaços cósmicos, matérias e energias que coexistem com o vazio, que se compõem com o vazio. Não tenham medo de serem mortais. Capaz de pensar o multiverso, o humanismo é confrontado com uma tarefa epocal: inscrever a mortalidade no multiverso da vida e do cosmos.

9. Quem conseguirá? O humanismo, porque ele cuida. O cuidado (*cura*) amoroso do outro, o cuidado ecológico da Terra, a educação dos jovens, a assistência aos doentes, às pessoas deficientes, aos idosos, aos mais dependentes não param nem a corrida na dianteira da ciência, nem a explosão do dinheiro virtual? O humanismo não será um regulador maleável do liberalismo, que ele se acharia capaz de transformar sem abalos apocalípticos ou amanhãs vibrantes. Com calma, criando uma proximidade diferente e solidariedades elementares, o humanismo elucidará e redirecionará a revolução antropológica já anunciada tanto pela biologia ao emancipar as mulheres quanto pelo se deixar levar da técnica e das finanças, assim como pelo modelo democrático piramidal sem forças para canalizar as inovações.

10. O homem não faz a história, mas a história somos nós. Pela primeira vez, o *Homo sapiens* é capaz de destruir a Terra e a si mesmo em nome de suas religiões, crenças ou ideologias. Também pela primeira vez, os homens e as mulheres são capazes de reavaliar com toda a transparência a religiosidade constitutiva do ser humano. O encontro de nossas diversidades mostra que a hipótese da destruição não é a única possível. Ninguém sabe quais seres humanos virão depois de nós, envolvidos como estamos nessa transvaloração antropológica e cósmica sem precedentes. Nem dogma providencial, nem jogo do espírito: a revisão do humanismo é uma aposta.

A era da suspeita não basta mais. Diante das crises e ameaças acentuadas, chegou a era da aposta. Ousemos apostar na renovação contínua das capacidades dos homens e das mulheres de crer e saber juntos. Para que, no multiverso cercado de vazio, a humanidade possa perseguir por muito tempo o seu destino criativo.

Da inviolabilidade
da vida humana

10 de outubro de 2012: dia Internacional da Abolição da pena de morte. Mobilização, ignorância, hostilidade, incompreensão, solenidade e seriedade suspendem o tempo da crise mundial, da aceleração hiperconectada e das várias ameaças de destruição e chamam à contemplação, convidam à meditação, ao questionamento: qual é o sentido de um projeto de abolição universal da pena de morte?

I.

Não sou jurista nem tampouco especialista em abolicionismo. Nunca assisti a uma execução, e nenhum dos meus parentes foi vítima de homicídio, abuso sexual, tortura ou violência degradante. Não vou ler para vocês os relatórios médicos detalhando os suplícios da guilhotina, que o próprio Camus copiava para nos transmitir sua náusea. Não senti tampouco a empatia romântica que contamina Hugo, comparando sua dor de exilado à do perseguido. Estimo que as dores são incomensuráveis, ou incomunicáveis, e que a pulsão de morte que nos habita nos ameaça a todos... no singular.

Ouço meus analisandos me confiarem o sofrimento que passaram nas mãos dos carrascos nas prisões da América Latina, ou a dor inconsolável após o extermínio de seus parentes nos campos de concentração. Morro com eles, e não me arriscarei a dizer que o mal não tem porquê, como afirma o místico sobre a rosa[1]. Já que procuro para eles, com eles: por quê? A fim de que o sentido retorne, pois o sentido nos traz de volta à vida.

---

[1] A afirmação do "místico sobre a rosa" diz respeito à frase "A rosa não tem por quê. Floresce porque floresce. Não cuida de si mesma. Nem pergunta se alguém a vê...", de Angelus Silesius, pseudônimo do poeta e místico cristão Johannes Scheffler (1624-1667). [N.E.]

Abolir a pena de morte: que desejo, que projeto temos aqui? E qual é, então, o seu sentido?

Abolir a pena de morte significa que colocamos como base do humanismo do século XXI o que Victor Hugo denominava há mais de 150 anos (em 1854) "a inviolabilidade da vida humana".

Desde sempre, os homens têm medo da morte; porém, eles matam, para melhor salvaguardar a vida, e tentam salvar o *bem* infligindo o *mal* supremo. Pela primeira vez na história, no entanto, percebemos que não basta substituir valores antigos por novos, pois estes se estabelecem, por sua vez, em dogmas e impasses, potencialmente totalitários. E a vida não é um "valor" como os outros, nem mesmo O valor. Mais ainda, há dois séculos, e em especial hoje, ela não é somente uma pergunta: o que é uma vida? Ela tem um sentido? Se sim, qual? Mas a vida é agora uma exigência: é preciso preservá-la, e evitar a sua destruição – pois a destruição da vida é o mal radical. Enquanto tudo parece ruir e enquanto as guerras, a ameaça de desastre ecológico, o entusiasmo das finanças virtuais e a sociedade de consumo nos lembram constantemente da nossa fragilidade e vaidade, *é a inviolabilidade da vida humana* que nos convida a pensar o sentido de nossa existência: ela é a pedra angular do humanismo.

De que vida estamos falando? O abolicionista responde: de *qualquer vida*, qualquer que seja, até "reconhecer a vida daqueles que causam horror" – os dementes, os criminosos –, proclamava Robert Badinter ao apresentar, em 1981, no Parlamento francês, um projeto de lei para abolir a pena de morte. A humanidade atual pode pôr-se à prova, e provar-se, ao ponto de "assumir a vida daqueles que causam horror"? Nós, abolicionistas, dizemos: sim. Ainda que, apesar de 141 países dos 192 membros da ONU já terem abolido a pena de morte, 60% da população viva num país onde ela ainda se aplica, uma vez que está em vigor em quatro dos países mais populosos do mundo: China, Índia, Estados Unidos, Indonésia.

Com a força de sua herança plural – grega, judaica e cristã – a Europa fez a escolha da secularização, operando assim uma mudança emancipadora única no mundo; mas sua história foi também marcada pelo seu longo desfile de horrores – guerras, extermínios, colonialismos, totalitarismos. Essa filosofia e essa história nos impõem uma convicção política e moral segundo a qual nenhum Estado, nenhum poder, nenhum homem pode dispor de outro homem e não tem o direito de lhe tirar a vida. Qualquer que seja o homem ou a mulher que condenamos, nenhuma justiça deve ser uma justiça que mata.

Defender a abolição da pena de morte em nome do princípio da *inviolabilidade da vida humana* não é, portanto, nem ingenuidade, nem idealismo complacente e irresponsável, tampouco se trata de esquecer as vítimas e a dor de seus familiares. *Não*. Não acredito nem na perfeição humana, nem mesmo na perfectibilidade absoluta pela graça da compaixão ou da educação. Aposto apenas em nossa capacidade de conhecer melhor as paixões humanas e acompanhá-las até seus limites, pois a experiência nos ensina que é impossível (impensável) responder ao crime pelo crime.

Repito: o ser humano não tem medo maior que o de ser privado da vida, e esse medo funda o pacto social. Os mais antigos tratados de jurisprudência que possuímos são prova disso. Vejam o Código da Babilônia de Hamurabi (1792-1750 antes da nossa era), ou a filosofia grega de Platão e Aristóteles, mas também entre os romanos, ou ainda os livros sagrados dos judeus e dos cristãos: todas as sociedades pediram pela morte e a praticaram contra criminosos a fim de defender, proteger e dissuadir.

Entretanto, vozes se levantaram contra a matança: os abolicionistas atuais as encontram e as ouvem para apoiar sua luta. Assim, já dizia Ezequiel: "Não tenho prazer na morte do ímpio, mas em que o ímpio se desvie de sua vida e viva" (Ezequiel, 33: 11); mas especialmente em São Paulo: "Morte, onde está a tua vitória? Onde está ele, ó morte, o teu aguilhão venenoso? A morte foi tragada na vitória (da Ressurreição)!" (1 Coríntios, 15: 55). Ou, na mesma linha, Maimônides: "É mais gratificante absolver milhares de culpados que tirar uma única vida".

Raramente as religiões ou as políticas se pronunciaram contra a pena capital: o budismo tibetano a proíbe no século VII; e, em 747, uma primeira abolição foi proclamada na China, que aliás será citada por Montesquieu, que louva os autores chineses segundo os quais "mais se aumentavam as punições, mais a revolução estava próxima; é que se aumentavam as punições à medida que nos faltavam boas maneiras". Não seria preciso lembrá-lo às autoridades chinesas? Hoje a China aboliu a pena de morte em 2011 por treze crimes não violentos, entretanto, as execuções continuam e se multiplicam por crimes de corrupção. Quanto ao islã, sequer se pensa em questionar a pena de morte.

Na França, o movimento abolicionista começou após a tortura de Damiens, que tentou assassinar Luís XV. Enquanto Diderot defende a pena de morte por sua eficácia dissuasiva, Voltaire é um dos poucos a apoiar o trabalho de Cesare Beccaria, que, a partir de 1764, se pergunta: "Em nome de qual direito os homens podem se dar ao luxo de matar seus semelhantes?". No espírito do Iluminismo e do humanismo libertário, o abolicionismo se expande ao longo de todo o século XIX – penso aqui em Clemenceau, Gambetta, e nas lúcidas palavras de Jean Jaurès, proclamando que a pena de morte é "contrária tanto ao espírito do cristianismo quanto ao espírito da República". Ou, mais perto de nós, em Camus, que constata que "a pena capital só se escreve num sussurro", porque "o novo assassinato, longe de reparar a ofensa feita ao corpo social, acrescenta uma nova mancha à primeira [...]. A sentença de morte rompe a única solidariedade humana indispensável, a solidariedade contra a morte".

II.
Os abolicionistas indicam três argumentos principais contra a pena de morte: a ineficácia da vingança e da dissuasão; a falibilidade da justiça; a dor encurralada pela eliminação.

Em primeiro lugar, nada comprova a eficácia da pena de morte contra a destrutividade humana: não há correlação entre manter a pena de morte numa legislação e a curva da criminalidade. Além disso, a perspectiva da morte, longe de aniquilar a paixão criminal, ao contrário, a exalta. Aquele que semeia o terror e o transcende por sua própria morte não procura a expiação. A estigmatização de seus atos e seu próprio sacrifício não têm na realidade outro fim senão inflamar os mártires dispostos a morrer também. Longe de ser dissuasivo, o medo torna-se tentação e alimenta a partir daí o desejo de infligir a morte ao se infligir a morte. A pena de morte como uma lei do talião se revela, portanto, ineficaz, tanto como vingança quanto como dissuasão.

O segundo argumento refere-se ao que Victor Hugo chamou de "frágil brevidade da justiça humana": a loteria judiciária, sua falibilidade. Em nome de quê uma instituição, um homem ou uma mulher se dão o direito de pronunciar e fazer cumprir uma condenação capital?

O terceiro argumento só se diz sussurrando, pois se dirige à dor das vítimas e de seus familiares. Há quem pense que, mesmo que a morte do criminoso não vingue seu crime, nem dissuada outros que possam vir depois, ela suprime pelo menos o autor. A pena de morte como eliminação de seu agente atenuaria, consequentemente, o insustentável, e apaziguaria.

Mas a imagem do criminoso em sua sepultura realmente alivia a dor daqueles que perderam um ente querido, vítima das piores atrocidades? Essa dor em busca de apaziguamento é também inexprimível, tanto indivisa como legítima e respeitável: quem ousaria ignorá-la? Ninguém, muito menos aqueles e aquelas que, indignados com a morte de vítimas inocentes, também querem defender e proteger a vida em nome de sua inviolabilidade. Porque eles sabem que a morte como último e único recurso é uma ilusão.

Quando vamos parar de fato de fazer do túmulo o nosso salvador? Deixemos de lado, portanto, o prazer que o ato vingativo provoca. Victor Hugo já nos alertava para essa religião da morte salvadora: "Não abra com suas próprias mãos uma sepultura no meio de nós", ele escreve de Guernesey. "Homens que sabem tão pouco e que nada podem, vocês estarão sempre cara a cara com o infinito e com o desconhecido! O infinito e o desconhecido são a sepultura." Entendo assim: não espere encontrar o "desconhecido ou o infinito" no sacrifício do condenado, fosse ele um assassino. E acrescento: não há outro desconhecido, nem outro infinito que não os das paixões humanas cuja experiência continuamos a aprofundar e cujo conhecimento continuamos a estabelecer.

Ao abolir a pena de morte, não reivindicamos a vitória sobre a morte, como queria Paulo de Tarso, que pede para que se creia na Ressurreição. Convidamos a conhecer melhor e a acompanhar as paixões e, dentre elas, a mais terrível: a pulsão de morte.

III.

A psicanálise descobre que o *Homo sapiens*, que é ao mesmo tempo *Homo religiosus* e *Homo economicus*, é um *Homo eroticus* não só habitado por uma pulsão de vida, mas também por uma pulsão de morte. Aquela que Freud – como se ele pressentisse o Holocausto – explora no final de sua vida, e que a pesquisa contemporânea continua hoje a elucidar.

O ser humano é um ser essencialmente binário: digerindo o bom e expulsando o mau, oscilando entre o dentro e o fora, prazer e realidade, interdito e transgressão, seu eu e o outro, o corpo e o espírito... A própria linguagem é binária (feita de consoantes e vogais, e outras formas duais que fizeram a alegria do estruturalismo...). Assim, a criança acessa a diferença entre o bem e o mal no mesmo momento em que aprende a língua materna: o *universo do sentido* a convida a distinguir o *bem* do *mal*, antes de aprimorar suas nuanças, de perceber suas polifonias, seus excessos, suas transgressões ou antes de criar obras de arte.

Nossos desejos se revelam mais ou menos compatíveis com os desejos de outrem. Eles nos atraem em direção ao outro, até ao amor, mas um amor que traz consigo a agressividade: eu te amo, eu também não, ódio e culpa – tal é a alquimia do verbo. É precisamente nesses interesses libidinosos convergentes e divergentes, subtendidos por nossas concepções do *bem* e do *mal*, que se constroem valores mais elevados que entram, então, em competição ou em conflito. Desejos e valores promulgam as religiões, as filosofias, as ideologias que vivem disso, matam-se mutuamente ou tentam explicar-se e entender-se.

Muitas vezes, os "valores", como se diz, capturam a destrutividade. Esta toma, então, a forma de um fascínio pelo mal, um mal que se deve procurar no outro: só resta, a partir de então, procurar o bode expiatório para exterminá-lo sem remorso, em proveito do Bem Soberano, meu Bem para mim, minha religião. Tal é a *lógica do fundamentalismo*, que conduz uma guerra sem perdão em nome de um ideal absoluto erguido contra o vizinho. Seja individual ou coletivo, esse fundamentalismo alimenta-se de uma fé total e cega que não tolera nenhum questionamento. Como afirmei anteriormente, a condenação à morte do fundamentalista não elimina o fundamentalismo em si, pelo contrário, ela faz de seu agente um mártir e exalta sua lógica. Uma lógica que tem raízes econômicas e sociais; mas também uma nervura psicossexual, pela própria estrutura de sua paixão, e ela permanece inexpugnável se não for neutralizada a partir do interior.

Porém, trata-se aqui apenas das camadas superficiais do mal radical. Há também uma *pulsão de morte pura*, dissociada de qualquer desejo (dirão: extrínseca ao desejo). Essa pulsão de morte varre a distinção entre o bem e o mal, entre o outro e eu, ela *suprime o sentido* e a dignidade do outro e de si. A destrutividade que acabo de apontar cede lugar aqui ao *desligamento*. Esses estados extremos de desligamento quase total da pulsão de morte chegam aos limites do *Homo sapiens* como ser falante e capaz de valores (começando pelo *bem* e pelo *mal*). A pessoa possuída por esse desligamento se expressa numa linguagem que não é mais que simples mecânica, instrumento de destruição, sem código, nem comunicação: sem porquê, sem remorso, nem expiação, nem redenção.

Tais estados-limite não se refugiam apenas nos hospitais ou nos divãs, eles não se generalizam unicamente nos assassinos em série, nem explodem de maneira brutal apenas no caos de uma adolescência condenada à indiferença e à insensibilidade diante do estrangeiro a suprimir. Os estados-limite da pulsão de morte também arrebentam nas crises e desastres sócio-políticos. Abjetos, esses estados podem levar ao extermínio frio e planejado de seres humanos: foi o caso do Holocausto e de outros genocídios.

IV.

Ouço sua pergunta de cuja indignação compartilho: e então, os abolicionistas querem salvar esses criminosos da morte?

Se fiz essa reflexão até à desumanização, foi apenas para melhor demonstrar que o humanismo reivindicado pelos partidários da abolição da pena de morte é uma aposta contra o horror. O conhecimento das paixões humanas permite-nos abordar esses estados-limite e contextualizá-los clinicamente, mesmo que ele não nos torne nem todo-poderosos, nem capazes de anular essa patologia quando toda uma sociedade está sofrendo. Mas depois de Ezequiel, Paulo de Tarso e Maimônides, depois de Beccaria, Voltaire, Hugo, Jaurès, Camus, Badinter e tantos outros, afigura-se que uma melhor compreensão do espectro das paixões humanas é o único meio de identificar e enfrentar as muitas faces desse mal radical. Quando a compaixão e o perdão abdicam, por não terem mais controle sobre esse mal, torna-se, no entanto, possível sondar suas profundezas. Como?

- Revezando a emoção horrorizada com um diagnóstico mais preciso dos meandros complexos do mal radical. A vigilância, a análise objetiva, os cuidados e a educação não apagam nada da culpa dos criminosos, mas eles nos mobilizam desde os primeiros sintomas.
- Substituindo a pena de morte por penas severas de segurança que impeçam a reincidência.
- Organizando o acompanhamento indispensável dessas pessoas, dos condenados de direito penal ou dos criminosos políticos, a fim de levá-los o mais longe possível em suas possibilidades de reestruturação. E, assim, contribuir para melhor analisar os meandros da destrutividade e do desligamento gerador do crime.

A filósofa e jornalista política Hannah Arendt denunciava o horror nazista como um mal radical sem precedentes, sustentando, no entanto, que não é o *mal*, mas o *bem* que é radical. Pois o *bem* não é um avesso simétrico do *mal*, ele reside nas capacidades infinitas do pensamento humano de encontrar as causas e os meios de combater o *mal-estar* e a *malignidade do mal*.

V.
Deixem-me terminar num tom mais pessoal.

Quando criança na Bulgária, meu país natal, eu ouvia meus pais evocarem as penas de morte que o regime comunista havia infligido ao parlamento anterior, mas também o expurgo e os processos stalinistas. Eu já estava aprendendo francês quando meu pai, homem de fé, me explicara que, se o terror revolucionário tivesse sido inevitável, a língua, assim como a cultura francesa, trazia também em si a luz. Eu já estava na França quando ele foi hospitalizado para uma operação menor, e assassinado num hospital búlgaro em 1989, poucos meses antes da queda do Muro de Berlim – na época faziam experimentos em idosos. A pena de morte foi abolida na Bulgária em 1998, embora ainda hoje 52% dos entrevistados nesse país sejam a favor de sua implementação.

Não se trata de salvar a sociedade, que só se perpetua se fechando contra a infinita complexidade das paixões. Mas de colocar nosso conhecimento das paixões a serviço do ser humano, para melhor proteger-nos contra nós mesmos. O novo humanismo deve ser capaz de defender o princípio da inviolabilidade da vida humana e de aplicá-lo a todos, sem exceção; bem como a outras situações extremas da experiência vital: a eugenia, a eutanásia... Longe de mim a ideia de idealizar o ser humano ou de negar o mal de que ele é capaz. Podemos, todavia, tratá-lo e, abolindo a pena de morte – que é um crime, lembremo-nos –, nós lutaremos contra a morte e contra o crime. A esse respeito, a abolição da pena de morte é uma revolta lúcida, a única que vale contra a pulsão de morte e, em última análise, contra a morte: ela é a versão secularizada da ressurreição.

Vocês provavelmente sabem que os italianos iluminam o Coliseu, memória sangrenta de inúmeros gladiadores e mártires cristãos condenados à morte, toda vez que um país abole a pena de morte ou decreta uma moratória sobre as execuções.

Proponho que a cada noite, quando um país renunciar à pena de morte, seu nome seja inscrito numa tela gigante instalada para isso na Place de la Concorde (antiga praça da Revolução) e na Prefeitura (antiga praça de Greve), em memória de Madame Roland, Madame du Barry, Charlotte Corday, das tricoteiras[2], da guilhotina, de Fouquier-Tinville, de André Chenier... Esta despesa adicional agravaria o estado das nossas finanças? Os otimistas preveem que o mundo em sua quase totalidade terá abolido a pena de morte em 2050. Depende de nós garantir que essa abolição ganhe o apoio da maioria.

---

[2] As tricoteiras eram mulheres que, durante a Revolução Francesa, tricotavam enquanto participavam das sessões da Convenção Nacional. [N.E.]

"A diversidade
é meu lema"

Assim se exprime Jean de La Fontaine, em "Fábula do prazer"[1]. Há gênio mais francês que o desse fabulista? No entanto, apesar dos defensores da famosa "diversidade cultural" francesa, muitos são aqueles que acusam nosso país de valorizar apenas sua própria diversidade – ela própria cultivando com gulodice sua gama de vinhos, queijos, perfumes e outros refinamentos libertinos –, mal abrindo seu coração e suas instituições republicanas para a diversidade do mundo.

Cidadã europeia de nacionalidade francesa, de origem búlgara e de adoção americana, não sou insensível a essas críticas amargas. Entretanto, após algumas décadas passadas na França, eu gostaria de enfatizar três aspectos da minha experiência que parecem ilustrar a contribuição francesa para a especificidade europeia.

Em primeiro lugar, a Europa é agora uma entidade política que fala tantas línguas, senão mais, quantos países comporta. Esse multilinguismo é a base da diversidade cultural que antes se deve salvaguardar e respeitar – para salvaguardar e respeitar as características nacionais –, mas que se deve também alternar, misturar, cruzar. No século XII, São Bernardo havia feito do homem europeu um sujeito amoroso ao misturar o Cântico dos Cânticos com sua experiência das cruzadas e seus conhecimentos autoanalíticos do corpo, inseparável de um espírito atormentado que, no entanto, soube encontrar o apaziguamento na beatitude. O Renascimento nos reconcilia com o milagre grego e com o esplendor romano. No século XVII, Descartes soube revelar à ciência nascente e ao impulso econômico emergente um *ego cogito*. O século XVIII trouxe, com os encantos da libertinagem e a penúria dos mendigos, a

---

[1] "Diversité c'est ma devise". Jean de La Fontaine, "Fables, contes et nouvelles", *in: Oeuvres complètes*, t. 1, Paris: Gallimard, 1963.

preocupação com as singularidades que se cristalizariam nos "direitos humanos". Após o horror do Holocausto, o burguês nascido no século XIX e o revoltado do século XX devem enfrentar outra era. Hoje, a diversidade linguística europeia está criando indivíduos caleidoscópicos capazes de desafiar tanto o bilinguismo do *globish english*[2] imposto pela globalização quanto a boa e velha francofonia que tem muita dificuldade para acordar de seu sonho versalhês para se tornar a vaga portadora da tradição e da inovação na miscigenação. Uma nova espécie está emergindo pouco a pouco: o sujeito polifônico, cidadão poliglota de uma Europa plurinacional.

Vou começar, portanto, por formular algumas opiniões, subjetivas, sobre essa modulação em curso, singularizando ao extremo o universo psíquico intrinsecamente plural dos futuros europeus. Uma polifonia na qual os jovens europeus estão, cada vez mais, se testando e que eu tive a oportunidade de vislumbrar há quase cinquenta anos, quando o general de Gaulle me concedeu uma bolsa de estudos para Paris: esse Europeu cético, mas visionário conhecido, já se dirigia a uma Europa "do Atlântico aos Urais". Abordarei na sequência a diversidade que o "modelo social francês" representa, essa quimera – a ser mantida e melhorada – que vou considerar como parte de um modelo europeu da liberdade, tão necessário hoje diante da automatização da espécie sob a influência da técnica. Finalmente, um tanto surpresa com a pouca energia que despendemos para tentar fazer com que compreendam fora de nossas fronteiras o que significa a laicidade francesa, exporei minha preocupação de ver essa outra "exceção francesa" levada a sério, pelo mundo, por todos aqueles que estão se tornando cada vez mais conscientes de que o flerte com os comunitarismos tem uma relação com o "choque das religiões".

A outra língua ou a condição de estar vivo

O que distingue quem não é de quem é estrangeiro é o fato de falar outra língua. O europeu que passa de um país a outro, que fala a língua do seu país com a outra, ou com as outras, não pode mais escapar da condição de estrangeiro somada à sua identidade de origem, tornando-se um duplo mais ou menos permanente de sua existência.

---

[2] Criado pelo autor francês e ex-vice-presidente da IBM Jean-Paul Nerrière, o termo *globish* refere-se à língua inglesa usada para comunicação por aqueles que não têm o inglês como língua materna. Corresponde a um inglês bem mais simplificado do que o falado pelos nativos. [N.E]

Que destino extraordinário é o do estrangeiro que oscila entre tragédia e escolha. Reconheço em meu próprio idioma a mistura inextricável da clareza lógica do francês e o sotaque ortodoxo de minha herança búlgara. Se há sofrimento na mistura dessas duas línguas, ele está ligado ao matricídio *simbólico* que o abandono da língua nativa implica. Sofrimento sempre renovado, que minha imaginação, alimentada pela volta da memória materna, faz existir em francês.

Esse diálogo com a Bulgária, inscrito na experiência da "outra língua", faz ecoar, para mim, *France* (França) em *souffrance* (sofrimento). A língua escolhida, língua da razão, só pode ladear a língua nativa, língua das paixões. Considerada pelos americanos como intelectual e escritora francesa, ocorre-me, especialmente depois de voltar de uma viagem, de não me reconhecer nesses discursos franceses que viram as costas para o mal e valorizam a tradição da desenvoltura – quando não é caso de nacionalismo.

Ainda assim, me abrigo na paisagem francesa, gosto de sua inteireza lógica, e até me acontece de acreditar que lhe pertenço. Apesar de suas conquistas culturais e de suas façanhas internacionais, os mosqueteiros franceses, cruzados, exploradores ou colonos voltaram para casa optando por um prazer sereno. E, deixando para trás as suas intenções de conquista, eles continuam a acreditar que são uma grande potência.

Nosso orgulho de difundir a francofonia, que enfrenta a expansão do inglês e do *globish*, entre outros, considera essas delícias e essas dores? Para transmitir o gosto pela língua francesa, por sua tradição literária e por suas mudanças atuais, talvez fosse preciso que começássemos por elucidar e tornar compartilhável a atualidade francesa: seus debates, seu pensamento, suas artes. Formulando-os nas línguas dos outros – a Europa e o mundo convidam--nos, por sua vez, a essa viagem na qual os franceses de origem e de adoção terão muito a ganhar –, poderíamos convencer e seduzir antes de destacar o gosto pela francofonia e de compartilhar (sonhemos um pouco) seus atrativos e suas glórias.

O orgulho dos miseráveis e o direito ao gozo

Sem entrar muito nessa coexistência com a "outra língua", examinarei o contexto cultural e político no qual ela se dá. A atualidade social e política é uma prova disso: nosso país é aquele onde a liberdade entendida como revolta assume uma dimensão considerável, talvez única no mundo.

Conquista histórica, a unidade nacional francesa não deixa de ser objeto de adoração ou mito. Legado mais pesado talvez que em outros lugares, essa unidade nacional, enraizada na língua, remonta à monarquia e às instituições republicanas e condensa a arte de viver e o gosto francês – fruto de uma partilha harmônica de costumes.

Ao contrário do mundo anglo-saxão, que é um mundo baseado na família, o mundo francês promove com orgulho o que Montesquieu chama em *O espírito das leis* de "modo de pensar de uma nação"[3]. É verdade que a história recente demonstrou como esse "modo de pensar de uma nação" pode degenerar-se em nacionalismo descarnado e xenofobia. No entanto, negligenciá-lo seria, no mínimo, imprudente.

Aliás, nossa coerência nacional não está livre de fragmentação: redes, subconjuntos, clãs insidiosos em sua natureza e sempre em rivalidade produzem tanto uma divertida diversidade quanto uma perigosa dissonância. Mas em outros lugares esse equilíbrio não é menos instável que na França. Embora os franceses gostem de exibir seu mal-estar, eles sabem rir de sua dramatização.

Quando o orgulho nacional não se torna arrogância pujadista, ele paralisa qualquer iniciativa e se refugia no passado à procura de um sentimento de superioridade: o de pertencer a uma civilização de prestígio que se quer manter em detrimento dos atrativos da globalização. Em contrapartida, quando as horas insuportáveis, o desemprego e a falta de segurança social acarretam a automatização dos seres humanos, nosso sentido de dignidade – desculpabilizando a pobreza e valorizando a qualidade de vida – se torna um conforto incomparável para aqueles que se sentem oprimidos. Mas logo o diálogo entre os "humilhados e os ofendidos" e o "poder público", supostamente desejado, transforma-se em resistência. E a "hipótese comunista", com a França sendo, talvez, capaz de conciliar o ritmo da globalização com as demandas populares, promovendo, assim, o modelo de uma Europa não somente competitiva, mas também livre, perdura. O que aconteceria se pudéssemos levar a sério essas reivindicações de distribuir melhor a riqueza nacional... e mundial? A "exceção francesa" oscila entre utopia endividada e justiça para todos.

Há países e indivíduos; eles não estão isentos das doenças da atualidade e, neste caso, da depressão. A julgar pelas estatísticas recentes, a França é um dos países onde a mortalidade por suicídio é maior no mundo. No continente europeu, ela ocupa a quarta posição, depois de Finlândia, Dinamarca e Áustria.

---

[3] Cf. Montesquieu, *L'Esprit des lois*, Livro 19, capítulo 3.

Quanto à depressão individual, feridas narcísicas, carências na relação materna, ausência de ideais paternos se juntam às fragilidades neuronais para levar o sujeito a depreciar os laços da linguagem e da vida. A essas causas bastante complexas se junta cada vez mais hoje a expressão de uma aflição social: perda de trabalho, desemprego de mais ou menos longa duração, humilhação profissional, pobreza, falta de ideais e perspectivas.

Não se reconhecendo mais na imagem gloriosa e gaullista de grande potência, fraca e quase inaudível nas negociações europeias ou na concorrência com a América, tendo perdido sua crença nos ideais e nas perspectivas fáceis das ideologias demagógicas e sentindo-se mais ou menos ameaçada pelos movimentos migratórios, a França reage como um paciente deprimido. O deprimido se afasta, se fecha, se cala, incapaz de transformar seu desgosto em palavras. Num grande número de franceses, o medo do outro e o receio da Europa são substituídos pela mobilização comunitária e política. A arrogância nacional vem hoje acompanhada de uma autodepreciação que chega à desvalorização de si e do outro. É, aliás, o supereu intransigente, os ideais despóticos e o perfeccionismo implacável que levam a pessoa – ou o Estado – à depressão[4].

Como o paciente deprimido deve primeiro recuperar a confiança em si mesmo para, em seguida, mergulhar numa verdadeira análise de seu mal-estar, é importante que a nação deprimida recupere uma imagem mais satisfatória de si mesma para realizar uma integração europeia e para melhor acolher os imigrados. É também verdade que o patrimônio cultural da nação não é suficientemente valorizado, em especial pelos intelectuais, que preferem promover a dúvida e levar o cartesianismo até o ódio de si mesmo. Talvez os excessos de universalismo, quando não se trata do ódio de si, nos tenham impulsionado por vezes a agir com "imperceptíveis indelicadezas"[5], contribuindo para o agravamento de nossa depressão nacional. É tempo de cuidar dela; uma vez descartada a opção de suicídio, apenas resta ao deprimido a reação maníaca: em vez de depreciação ou inação, prefere-se a designação de um inimigo, o mais das vezes imaginário, a quem declarar guerras necessariamente santas (veja a Frente Nacional francesa e os fundamentalismos).

O povo francês encarna tanto o descontentamento dos miseráveis (os de Robespierre e Victor Hugo) quanto a presunção de uma nação que goza e

---

[4] Cf. Julia Kristeva, *Lettre ouverte à Harlem Désir*, Paris: Rivages, 1990.

[5] Jean Giraudoux, *La Guerre de Troie n'aura pas lieu*, ato 2, cena 13, *in: Théâtre complet*, Paris: Gallimard, 1982.

desfruta (de Rabelais e Colette). É uma desvantagem? Pode ser uma oportunidade, dentro do espaço europeu, para não morrer celebrando o fim da história em investidas de *marketing*. Entretanto, as novas formas de revolta exigem, mais do que nunca, a intervenção das elites e dos grupos ditos especializados que estão se tornando novos atores políticos[6] (profissão, faixa etária etc.). Seria impossível conciliar o "povo", as "elites" e os "setores da opinião pública"? Difícil, sim, mas impossível? Falando apenas das "elites", não é o povo que as desconsidera, mas as próprias "elites" que se fecham em seu saber técnico e se desmancham em guerras fratricidas. Mas essas elites existem e, nos laboratórios, bem como nas universidades ou na criação artística, não faltam ambiciosos feitos franceses.

Então estamos voltando para os anos 1960, como afirmam com frequência, na França e no outro lado do Atlântico? Aparentemente, o que está acontecendo é menos espetacular – o espetáculo está saturado de shows, o trabalho bem-feito raramente passa ou mal se vê na tela da TV. Mas ele segue seu curso, e talvez de forma ainda mais séria que antes e que em outros lugares.

A França é esperada na Europa: cabia, talvez, a uma estrangeira, a uma francesa de adoção enfatizar isso, porque estou convencida de que a França é um dos países que carregam de forma privilegiada um modelo de liberdade cujo berço é a Europa e de que o mundo precisa.

Qual liberdade: adaptação ou questionamento?

A diferença entre a cultura europeia e a cultura norte-americana tornou-se muito mais nítida com a queda do muro Berlim em 1989. Esses dois modelos culturais são baseados em *duas concepções da liberdade*, elaboradas pelas democracias ocidentais, como um todo e sem exceção. Duas concepções da liberdade baseadas nas tradições grega, judaica e cristã, basicamente complementares, e que, porém, são muitas vezes opostas. Examinando-as, seremos capazes de entender o que separa hoje a Europa e a América, e que não se reduz aos interesses econômicos e políticos imediatos.

Em *Crítica da razão pura* (1781) e em *Crítica da razão prática* (1788), Kant propôs uma definição de liberdade até então inédita: a liberdade não é

---

[6] Cf. Julia Kristeva, *L'Avenir d'une révolte*, Paris: Calmann-Lévy, 1998, "Penser La Liberté en temps de détresse" e "L'Europe divisée: politique, éthique, religion", *in*: *La Haine et le pardon*, *op. cit.*, pp. 15-27 e pp. 47-86.

negativamente uma "ausência de coerção", mas é positivamente a possibilidade de um autocomeço, *self-beginning*, *Selbstanfang*. Ao identificar a "liberdade" com o "autocomeço", Kant pronuncia um apelo em favor da subjetividade realizadora, da iniciativa do *self*, se traduzo seu pensamento "cosmológico" para o plano pessoal. Essa liberdade da Razão, seja ela pura ou prática, está, no entanto, subordinada a uma Causa, seja ela divina ou moral.

Mas, num mundo onde a técnica se torna o poder supremo, essa liberdade tende a se identificar com a capacidade de se submeter a uma "causa", sempre exterior ao *self*, agora cada vez menos causa moral e cada vez mais causa econômica – no melhor dos casos, ambas ao mesmo tempo. Ao analisar as relações entre o capitalismo e o protestantismo, Max Weber mostra a liberdade como possibilidade de se adaptar à lógica das causas e dos efeitos[7], o que Hannah Arendt chamou de "cálculo das consequências", a lógica da produção, da ciência, da economia. Ser livre seria ser livre para se adaptar ao mercado da produção e do lucro.

Essa lógica de instrumentalização, que é a da globalização e do liberalismo, exige um esquema da liberdade submetida à causa suprema (Deus) e à causa técnica (dólar). Uma forma de liberdade, adaptada à cadeia causa-efeito, que não deixa de estar de acordo com a do pensamento científico, o pensamento-cálculo. Trata-se de um momento decisivo do desenvolvimento da humanidade que permitiu o acesso à técnica, ao livre mercado e à automatização. A cultura americana parece a mais adaptada a essa forma de liberdade.

O outro modelo de liberdade pode ser encontrado na filosofia grega, do pensamento pré-socrático aos diálogos platônicos. Prévia à concatenação das "categorias" aristotélicas – que já são em si premissas da razão científica –, e não sujeita a uma causa, essa liberdade fundamental, tal como a revela Heidegger em sua discussão da filosofia kantiana[8], está no Ser da palavra que se entrega a si mesma e ao outro e, nesse sentido, se liberta. Antes que a liberdade se submeta à cadeia causa-efeito, ela se manifesta, portanto, no Ser da Palavra, através da presença de Si no outro. Essa liberdade, inscrita na essência da filosofia como questionamento infinito, se situa como contraponto (e como contrapeso) do liberalismo dito do "deixa rolar".

Essa liberdade, que está em curso na *poesia*, habita a experiência do *libertino* que opõe seu desejo transgressor à cadeia social das causas e efeitos; a

---

[7] Cf. Max Weber, *L'Éthique protestante et l'esprit du capitalisme*, Paris: Gallimard, 2003.

[8] Cf. Martin Heidegger, *De L'Essence de la liberté humaine*, Paris: Gallimard, 1987.

experiência analítica, baseada na transferência e na contratransferência; o *ato revolucionário*, que coloca a singularidade no topo da hierarquia das convenções reconhecendo os direitos humanos e do cidadão, e seguindo o lema da Revolução Francesa – liberdade, igualdade e fraternidade –, que radicaliza as declarações do *habeas corpus* inglês. Revisitar essas experiências e esses discursos do século XVIII nos permitirá não confundir mais a herança das Luzes com um universalismo abstrato.

Enquanto a União Europeia está se esforçando para construir-se conforme o "modelo americano", a França está tentando penosamente se opor a um "modelo de sociedade" que não seria – ou não seria apenas – o do "liberalismo". Essa lembrança constante de nossa diferença cultural não resulta somente de um enraizamento numa tradição que seria mais velha ou mais experiente, mas também depende dessa outra concepção de liberdade que privilegia o ser singular em detrimento da necessidade econômica e científica. É este modelo de liberdade que o governo francês defende – seja ele de esquerda ou da direita gaullista social – quando insiste na "solidariedade" diante do "*free market*" e do mercado virtual.

Sem esquecer as restrições da cadeia causa-efeito e, assim, ignorar a realidade econômica, somos forçados a reconhecer as vantagens desse outro modelo de liberdade, que é mais uma aspiração que um projeto estabelecido. É a preocupação com a vida humana em sua especificidade mais frágil (pessoas pobres, deficientes, idosas), assim como com o respeito às diferenças sexuais e étnicas em sua intimidade, que insuflam o modelo europeu.

É pura utopia considerar essa concepção da liberdade singular para toda a humanidade? O pensamento-cálculo e o consumo são agora auxiliados pela revivescência dos excessos religiosos sectários em que o sagrado, em vez de ser um "questionamento permanente", de acordo com a dignidade humana segundo os votos religiosos (em Agostinho, por exemplo), encontra-se sujeito à mesma lógica de causa e efeito que, levada ao extremo, se disfarça de poder escravizador de uma seita ou de um grupo fundamentalista.

Nesse contexto, a Europa não tem nada de homogeneidade abstrata e utópica. Tem sido dito que um abismo separa os países da "Velha Europa" daqueles da "Nova Europa". Impõe-se à "Velha Europa", e à França em particular, a necessidade de levar a sério as dificuldades econômicas da "Nova Europa", que tornam esses países dependentes dos Estados Unidos ou do FMI. Mas também é necessário reconhecer e respeitar mais as diferenças culturais e, em especial, religiosas, que separam os diferentes países para evitar o "choque das civilizações" na própria "*Pax europeana*".

Este segundo modelo de liberdade, embora de origem greco-francesa, é identificável tanto no mundo protestante como no mundo católico. Além disso, é consistente com a noção judaica da *eleição*, de fazer as pessoas provindas dessa tradição capazes de implementar esse cruzamento entre as duas versões da liberdade, "liberal" e "solidária", "técnica" e "poética", "causal" e "reveladora".

A globalização poderia se adaptar à pluralidade de concepções do ser humano, trazidas por outras civilizações? Para esta humanidade, que não poderíamos definir de outra forma senão em termos de *hospitalidade*, a única garantia é justamente o respeito à diversidade; a uniformização técnica e robótica é a sua traição mais fácil. Mas a hospitalidade não é nem a justaposição, nem a hierarquização das diferenças; estou falando de uma hospitalidade na diversidade, exigindo considerar outras concepções de liberdade, para tornar cada uma mais complexa. Assim, esta humanidade cujo sentido nos escapa, ou então que nos arrebata apenas quando falamos de "crime contra a humanidade", esta humanidade que tento definir seria, em última análise, um *processo de complexificação*.

Por esse caminho, a Europa poderia constituir um dos passos decisivos que levam à experiência de nossa liberdade plural. Ela também agiria no interesse da América, que parece conduzir o jogo do mundo globalizado, sem por isso ignorar as consequências desastrosas dessa uniformização.

A laicidade transformou-se em cinzas nos motins das periferias?

Entre as muitas causas que incendiaram as periferias, seria preciso incluir a denegação da sociedade francesa, mas também da comunidade internacional, do que eu chamaria de *doença de idealidade* específica do adolescente[9].

É bem conhecido que a criança, em seu polimorfismo perverso, se constrói como um "teórico" que "quer saber" de onde vêm os bebês. Em contrapartida, o adolescente poderia ser definido como um "crente", na medida em que ele é conduzido a uma busca insaciável por modelos ideais (parceiro, trabalho etc.) que permitem que ele rompa com seus pais e se torne, ele próprio, um ser ideal.

---

[9] Julia Kristeva, "L'Adolescence, un syndrome d'idéalité", *in: La Haine et le pardon, op. cit.*, pp. 447-460.

Embora o sonho de um par ideal ou de uma vida ideal pertença a qualquer idade, ele não deixa de ser uma invenção adolescente. Do tempo cortês até Dostoiévski e Gombrowicz, o romance como gênero foi construído sobre figuras adolescentes, sendo elas apaixonadas pelo absoluto e facilmente devastadas, deprimidas ou perversas, naturalmente sarcásticas, sempre crentes e, portanto, incansáveis revoltadas e potencialmente niilistas. Forma pré-religiosa e pré-política da crença, a *necessidade de crer* erigida em *ideal compartilhado* contribui para a construção da vida psíquica. Continua a ser uma exigência absoluta que, como tal, pode ser facilmente invertida; o idealismo se transforma, então, em niilismo sob diferentes formas: decepção, tédio, depressão, raiva destrutiva, vandalismo etc.

Se os ritos de iniciação das civilizações ditas primitivas fossem examinados, seria constatado que eles tinham uma dupla função: consolidar a autoridade simbólica (divina ou política) e, ao mesmo tempo, autorizar a passagem ao ato, hoje considerada perversa. Nos rituais de mortificação e jejuns exagerados do cristianismo medieval, os comportamentos anoréxicos e as tendências sadomasoquistas dos adolescentes eram ao mesmo tempo banalizados e heroicizados.

Quanto à sociedade moderna, ao lado da dissolução da estrutura familiar e do enfraquecimento da autoridade, ela propõe apenas sua incapacidade de ouvir o dever estruturante da necessidade de crer, da busca por idealidade. Disso resulta uma ineficácia endêmica frente à crise adolescente que, além disso, concerne aos adolescentes imigrados, vítimas de discriminação social e étnica. Se uma sanção severa dos comportamentos bárbaros é, indubitavelmente, indispensável e urgente, sua acepção depende da nossa capacidade de ajudar esses psiquismos devastados a se reconstruírem: começando por ler, por detrás do vandalismo, a necessidade de crer, negligenciada por muito tempo.

Nesse contexto, defendo que a França, em comparação a outros países, está mais "adiantada" que "atrasada" na crise dos adolescentes vindos da imigração. Por quê?

Percebido como mais sério pela pessoa e pelo grupo social, o desconforto é analisado aqui numa profundidade mais radical: no cruzamento da miséria social *e* do não ser psicossexual. Assim, parece que a violência adolescente que assola nossas periferias não está *aquém*, mas sim *além* do "choque das religiões". O que se deflagra não é um conflito religioso, apesar das manipulações religiosas dos piromaníacos e do comunitarismo dos incendiários; tampouco é uma reivindicação *a posteriori* contra o "uso dos símbolos religiosos", pois nem as autoridades espirituais, nem os pais aprovam os atos violentos; também não se trata de rivalidades interétnicas e interreligiosas, como foi o caso em outros países. Esses atos confirmam, antes de tudo, o fracasso da integração à qual esses jovens aspiram; eles incendeiam o que reifica seus desejos: carros, supermercados, armazéns, ônibus (o "sucesso" e a "riqueza", valorizados por seus próximos e por seus pais); escolas, creches, postos de polícia, e até seus congêneres "estrangeiros", "intrusos" para os "olhares enviesados", ou que parecem "se dar bem" (símbolos da autoridade social e de um poder fantasioso que eles gostariam de partilhar).

Nenhum discurso, nenhum programa, nenhuma real reivindicação explica esses atos de vandalismo. Apenas um sofrimento indescritível, estritamente falando, *insensato*, sem sentido, vem se juntar a essa necessidade de ideal, de reconhecimento e de respeito: a dor do abandono parental e do desamparo social, subjacentes à discriminação.

Esses rompantes de destrutividade, pulsão de morte pura, tampouco procuram uma proteção ou uma justificativa religiosa que proporcionaria uma saída para a necessidade de idealidade. A culpa recairia na laicidade francesa que teria abolido essas barreiras, que são as normas religiosas? Eu não compartilho dessas insinuações. A criminalidade dos "adolescentes desfavorecidos" revela uma variante mais extrema do niilismo: ela está sujeita à necessidade de crer pré-religiosa[10], constitutiva da vida psíquica com e para o outro. A doença de idealidade resultante provoca ou agrava os desastres identitários e as patologias ditas do *desligamento*[11] que abolem a distinção entre o *bem* e o *mal*, o *eu* e o *outro*, e atingem os limites do ser falante e capaz de "valores". Confrontados com esses estados-limite em que as políticas devem demonstrar pragmatismo e generosidade, o pai, o professor, o intelectual são convidados a propor acompanhamentos e ideais adaptados aos tempos modernos e à pluralidade das culturas.

O niilismo adolescente, em todas as suas formas, revela subitamente a inoperância atual do tratamento religioso, sua incapacidade de responder à aspiração paradisíaca desse crente paradoxal e necessariamente niilista que é o jovem discriminado na inexorável migração globalizada.

Quando a carapaça da religião não pode mais reter essa *crise da crença*, um desafio histórico é dirigido ao humanismo republicano: ele é capaz de

---

[10] Julia Kristeva, *Cet Incroyable besoin de croire*, op. cit., pp. 23-143.

[11] André Green, "Pourquoi Le mal", *in: La Folie privée*, Paris: Gallimard, 2003, pp. 369-401.

mobilizar todos os meios, policiais, econômicos, educativos, psicológicos, para enfrentar essa doença de idealidade[12] preocupante?

A crise francesa da diversidade, assim interpretada até seus sintomas mais dolorosos, revela o profundo mal-estar existencial que diz respeito à diversidade europeia e mundial em seu conjunto. Mas é primeiramente na França que essa filosofia laica das paixões e dos ideais em agonia pede para ser mais bem conhecida, explicada e realizada. Nossa experiência poderá, então, completar a diversidade dos meios que as democracias modernas devem mobilizar para lutar contra as novas barbáries, sempre baseadas secretamente em nossos esquecimentos, nossas faltas e nossas incertezas identitárias.

---

[12] Cf. Julia Kristeva, *Cet Incroyable besoin de croire*, op. cit.

Existe uma
cultura europeia?

Como bons europeus que vocês são, ou seja, céticos e dotados do humor necessário para resistir tanto às crises como às promessas, vocês não esperam que eu responda à questão um pouco provocativa que dá título à minha conferência: "Existe uma cultura europeia?". Se nós escolhemos esse tema, Frédéric Ogée e eu, para organizar nossos trabalhos este ano, não foi só para provocar reações. Formulando-o como uma pergunta desde o início, vou abordar a complexidade da "cultura europeia" sem a pretensão de uma sistematização exaustiva. Eu me contentarei em esboçar algumas questões bastante subjetivas, em torno de alguns temas, escolhidos também a partir de minhas próprias incertezas identitárias que, tais como as da Europa, pedem hoje nossa reflexão.

Defenderei, portanto, que, contra o culto à identidade, em cujo nome a boa consciência moderna continua a se envolver ainda hoje em guerras liberticidas e mortais, a cultura europeia, que foi o berço da busca identitária, continuou a revelar tanto a futilidade como sua possível, embora interminável, superação. E aí está o paradoxo: existe identidade, a minha, a nossa, mas ela é fundamentalmente interrogativa e infinitamente evolutiva – o que confere sua fragilidade desconcertante e sua sutileza vigorosa ao projeto europeu como um todo e ao destino cultural europeu em particular. Não há quem não o conheça. A mídia o rejeita em termos de "diversidade", de "respeito às singularidades", de "abertura" e "fechamento" das fronteiras ou ainda entre as "nações", de "globalização" e de "nacionalização" etc. Vamos tentar identificar aqui suas raízes culturais.

"Quem sou eu?" é uma pergunta cuja melhor resposta europeia é a preferência pelo ponto de interrogação. Entre a incerteza da identidade pessoal própria à europeia que eu sou, as angústias do superendividamento e seus avessos, que são as arrogâncias comunitárias ou os sobressaltos das nações numa globalização que favorece algumas em detrimento de outras antes de uniformizá-las todas, a União Europeia é uma zona de livre-comércio ou um projeto político? A questão cultural que colocamos hoje acrescenta outra dimensão que não simplifica em nada o quebra-cabeça europeu.

Claro que, como contraponto às tensões políticas e econômicas, seria possível objetar que um consenso persiste, há um dado, enfim, indiscutível, porque historicamente constituído: a Europa não existiria "antes de qualquer coisa" justamente porque "há uma cultura europeia"? A base bíblica, o milagre grego, o tempo das catedrais, as Luzes e os direitos humanos... as Tábuas da Lei, a Sarça ardente, o Partenon, o Coliseu, Belém e Gólgota... Notre-Dame, o Louvre, o British Museum... Dante, Shakespeare, Rabelais, Montaigne, Cervantes, Goethe... Eu não conseguiria enumerar todos.

No entanto, esse aparente "dado objetivo" não parece resistir a um exame mais profundo. O que sobra dessas sedimentações depois de tantos conflitos fratricidas, duas guerras mundiais, o Holocausto e o Gulag, sem esquecer a espetacular banalização atual?

Uma pesquisa recente (Ipsos, Ministério da Cultura e Comunicação, março de 2007) atesta que menos da metade dos europeus (49%) considera o patrimônio cultural europeu... a soma dos patrimônios nacionais dos países. Apenas 45% declaram que existe um patrimônio europeu realmente comum. Não é menos verdade que oito em dez europeus pensam que seu patrimônio nacional é integrado, pelo menos em parte, ao patrimônio cultural europeu. Estes números variam conforme o país. Os italianos são os mais numerosos (48%) a declarar que o patrimônio europeu é realmente comum, ao passo que os franceses (58%) e os alemães (54%) julgam que a cultura europeia é uma soma de culturas diferentes – provavelmente são adeptos da exceção cultural. Os europeus do leste, mesmo que muito interessados nas vantagens econômicas prometidas pela União Europeia, estão menos convencidos da existência de uma comunidade cultural europeia: apenas 47% dos húngaros pensam que existe um patrimônio "realmente comum" e apenas 29% deles – decididamente, muito aquém – dizem ter uma acentuada curiosidade pela cultura de seus vizinhos. Além disso, os países-membros têm percepções muito diferentes dos elementos que compõem esse patrimônio. Os franceses preferem (63%) o que se visita, a arquitetura e os monumentos históricos; bem depois (48%), vêm os modos de vida; apenas 19%, a literatura; e ainda mais atrás (13%), a música; ao passo que, para os alemães, são as tradições, a história e os modos de vida que vêm em primeiro lugar (52%), seguidos quase *ex aequo* pela literatura (27%) e pela música (22%).

Vejam vocês: independentemente da forma como se olha para a cultura europeia, a diversidade aparece.

O desafio europeu na globalização

Então, não esperem de mim uma proposta de definição da cultura europeia que não seja esta: como contraponto ao culto moderno à identidade, a cultura europeia é uma busca identitária indefinidamente reconstruível, aberta. E é esse contraponto, essa "contracorrente", que constitui o interesse, o valor e a dificuldade da cultura europeia, mas também, e em consequência, do próprio projeto europeu. Eu gosto disso, dessa "identidade indefinidamente reconstruível", ao menos por duas razões.

Em primeiro lugar, ela se impôs em minha experiência de europeia, já há mais de quarenta anos. Quando deixei minha Bulgária para terminar minha tese na Universidade em Paris, com uma bolsa de estudos concedida pelo governo de De Gaulle, esse europeu cético, mas conhecido visionário, que se dirigia a uma Europa "do Atlântico aos Urais", eu não poderia prever, não mais do que qualquer outra pessoa na época, que a Bulgária se tornaria membro da União Europeia. A Cortina de Ferro e o Muro de Berlim pouco deixavam supor que nações razoáveis e soberanas parassem de se enfrentar nos campos de batalha ancestrais para se dedicarem às trocas de mercadorias, mas também à troca de ideias. E que essa União fosse forjar – com um tanto de hesitação e insuficiência – o primeiro espaço terrestre real da "paz universal" com que sonhava Immanuel Kant. Voltando de meus Balcãs obscuros e ainda hoje desconhecidos, o convívio com a cultura europeia me convenceu de que minha identidade era fútil, porque aberta para o infinito dos outros – e é essa convicção que eu gostaria de transmitir a vocês, pois meu trabalho na França, e depois no mundo, a confirma e refina.

Na verdade, as diferentes confluências que compõem a civilização europeia (greco-romana, judaica e, há 2 mil anos, cristã, depois do humanismo, que é seu filho rebelde, sem esquecer a presença árabe-muçulmana cada vez mais forte), assim como as especificidades nacionais, não fizeram da cultura europeia apenas uma bela colcha de retalhos nem uma hedionda máquina retalhadora de estrangeiros vitimados – embora esses extremos estejam presentes em nosso passado e ainda assombrem hoje, temíveis fantasmas, as latências xenófobas e antissemitas do Velho Continente. Não, uma coerência se cristalizou com essas diversidades que, pela única vez no mundo, afirma uma identidade ao abri-la à sua própria avaliação crítica e, ilimitadamente, aos outros. Depois de ter sucumbido aos dogmas identitários e aos crimes, um "nós" europeu está surgindo, trazendo ao mundo uma concepção e uma prática da identidade como inquietude questionadora. Nesse início do terceiro milênio, é possível assumir o patrimônio europeu repensando-o como um antídoto para as tensões identitárias: as nossas e as de todos os quadrantes. Esta é a segunda razão que me faz voltar a essa especificidade identitária "na contracorrente" que a Europa oferece ao mundo.

Situarei essa filosofia identitária da diversidade e do questionamento nos domínios concretos da língua, da nação e da liberdade.

Em outubro de 2005, com base numa proposta francesa, depois europeia, também muito apoiada pelo Canadá, a Unesco adotou uma convenção sobre a diversidade como um passo importante na emergência de um direito cultural internacional, denominada Convenção sobre a Proteção e a Promoção da Diversidade das Expressões Culturais. Ao propor "estimular a interculturalidade a fim de desenvolver a interação cultural no espírito de construir pontes entre os povos", a convenção também afirma o "direito soberano dos Estados de manter, adotar e implementar políticas e medidas" adequadas para esse fim. Ela também define o "conteúdo cultural" a salvaguardar e a desenvolver, como o que "se refere ao sentido simbólico, à dimensão artística e aos valores culturais que têm por origem ou expressam entidades culturais". Cento e vinte e cinco países já aceitaram essa convenção, que ainda não foi aplicada.

A Europa é, desde então, uma entidade política que fala tantas línguas, senão mais, quantos países comporta. O multilinguismo é a base da diversidade cultural que se deve salvaguardar e respeitar primeiramente – para salvaguardar e respeitar o que é nacional –, mas também que é importante trocar, misturar, cruzar. E essa novidade – para o homem e a mulher europeus – merece reflexão e aprofundamento. Não seria sorrateiro generalizar a famosa "exceção francesa"? A menos que não seja necessário respeitar a exceção de cada um para melhor proteger as diversidades de todos? Finalmente, essa concepção da identidade, sempre problematizada, é comum à Europa ou é apenas francesa, talvez até elitista?

A Europa das línguas

Vocês têm diante de vocês uma cidadã europeia, de origem búlgara, que se considera uma intelectual cosmopolita. E é com um sentimento de dívida e de orgulho que uso, no nosso mundo globalizado de hoje, as cores da República Francesa em vários países e continentes.

Escrevi isso em *Estrangeiros para nós mesmos*[1] e me permito repeti-lo aqui: "Em nenhum lugar se é mais estrangeiro que na França, [...] não há lugar melhor para ser estrangeiro que na França". Por quê? Além da ambiguidade do universalismo, a tradição francesa do questionamento, o lugar dos intelectuais e a importância do debate político – de que as Luzes são um dos exemplos paroxísticos que caracterizam a cultura francesa – permitem reabrir toda vez o debate intelectual e político de forma mais dramática, mais lúcida que em outros lugares. E esse verdadeiro psicodrama proporciona um antídoto eficaz para a depressão nacional, assim como para a sua versão maníaca, que é o nacionalismo. Por isso, presto homenagem à cultura francesa que me adotou e que nunca é mais francesa do que quando ela se questiona, até quando ri de si própria – e quanta vitalidade há nesse riso! – e quando se relaciona com os outros.

Sobre essa questão, dois pensadores muito diferentes me vêm à mente: o primeiro deles é Santo Agostinho, com "A única pátria é a viagem (*In via, in patria*)", que retoma uma heroína de meus romances que se parece comigo ao dizer "Eu me viajo"; e o segundo é La Fontaine, em um texto pouco conhecido e com um título muito francês, "Le Pâté d'anguille" (A fábula do prazer), que diz "A diversidade é meu lema". De Santo Agostinho, passando por La Fontaine e até nós, a vida do sujeito e da linguagem surge no espaço cultural europeu como um questionamento que abre a memória para além dos valores e identidades fixas, para a vida da linguagem como revolta permanente, como prova da verdade. Nossas identidades só estão vivas se elas se descobrem outras, estranhas, estrangeiras a si mesmas.

No século XII, São Bernardo fez do homem europeu um sujeito amoroso. Na interpretação do Cântico dos Cânticos que nos deixou esse afetuoso homem das cruzadas, o homem cristão se constituiu como um homem viajante apaixonado e guerreiro: *Ego affectus est*. Essa ambivalência atravessa a história das sociedades, e não é menor o mérito do patrimônio europeu – grego, judaico

---

[1] Cf. Julia Kristeva, *Étrangers à nous-mêmes*, Paris: Fayard, 1991, pp. 57-59.

e cristão – de nos deixar o legado de aprofundar essa complexidade universal exposta. No século XVII, Descartes revelou à ciência emergente e ao impulso econômico um *ego cogito*. O século XVIII trouxe, com os encantos da libertinagem, a preocupação com as singularidades que se cristalizou na Declaração dos Direitos Humanos e do Cidadão. Após o horror do Holocausto, os europeus do século XXI devem agora enfrentar outra era: identificar e cuidar das "novas doenças da alma"[2], antes de visionar, com Immanuel Kant[3], esse *"corpus mysticum"* supostamente capaz de realizar uma nova "unidade" – uma nova democracia? – entre as forças centrífugas de nossas liberdades individuais e com a "liberdade de qualquer outro".

Essa é também a constatação da literatura moderna e da experiência psicanalítica, e nós ainda não temos a medida de suas implicações para o pacto social – tanto quanto para seu núcleo moderno, que é a nação. Se apenas somos sujeitos livres como estrangeiros para nós mesmos, então o laço social deveria ser não uma associação de identidades, mas uma federação de estranhezas. Não seria a melhor maneira para a nação, e talvez a única, se incluir nos conjuntos superiores: a Europa e além? A Europa como federação de estranhezas respeitadas.

No entanto, estou convencida de que esse sonho só pode ser um verdadeiro antídoto para a banalização das culturas e para a automatização da espécie se for baseado num novo projeto para a nação e para a língua nacional. Defendo, portanto, que, contra o universalismo que banaliza as tradições culturais e os comunitarismos que justapõem identidades sociais e culturais – quando não se levantam uns contra os outros –, é hora de descomplexificar a identidade nacional. Sem cair no patriotismo nacionalista da "exceção francesa", é importante afirmar com orgulho as contribuições específicas de nosso país em vários campos da vida social, incluindo o desenvolvimento cultural, seu papel na história dos franceses e seu valor internacional que os outros povos podem aprimorar à sua maneira, específica.

O papel da língua nacional é aqui crucial. A história cultural francesa tem, efetivamente, estreitado laços entre as várias expressões culturais (arte, gosto, mentalidade), por um lado, e a própria língua francesa, por outro. Uma liga constituída pela língua e pela literatura, que forma um equivalente ou um

---

[2] Cf. Julia Kristeva, *Les Nouvelles maladies de l'âme, op. cit.*

[3] Cf. a segunda parte de sua *Crítica da razão pura* e, também, *Oeuvres philosophiques*, t. 1, *op. cit.*, p. 1368.

substituto do sagrado na França, ao mesmo tempo que um apelo ao respeito universal pelo outro, e que é provavelmente única no mundo. Resulta disso que, de forma geral, persiste, por meio da globalização, um desejo pela língua francesa, percebida não como um "código", mas como uma forma de estar no mundo (experiência subjetiva, gosto, modelo social e político etc.): própria, certamente, a todas as línguas, mas cuja consciência se cristalizou em especial na França. Cabe a nós problematizar essa herança cultural francesa no contexto atual, para impulsionar uma dinâmica política para a francofonia e adaptá-la ao mundo moderno. Em ambos os sentidos dessa lógica de adaptação: sensibilizar mais e partilhar a experiência francesa em termos de sua identidade linguística e contribuir para abrir a França para a diversidade mundial.

A diversidade linguística europeia está criando, assim esperamos, uma nova espécie multilíngue: o sujeito polifônico, cidadão poliglota de uma Europa plurinacional. O futuro europeu será um sujeito singular, com um psiquismo intrinsecamente plural porque trilíngue, quadrilíngue, multilíngue? Ou se reduzirá ao *globish*? Um exemplo: o Departamento de Língua e Literatura da Universidade de Georgetown celebrou o seu quinquagésimo aniversário em 2000. Para a pergunta "Como responder ao Holocausto?", o reitor jesuíta disse: "Ensinando línguas e literaturas". Constato por um momento uma feliz polifonia linguística e cultural que os jovens europeus, nossos alunos, experimentam pouco a pouco, talvez mais comum e naturalmente do que aqueles que vêm de outros países e continentes.

É estrangeiro aquele que fala outra língua: não é o caso de todo europeu que passa de um país a outro, falando a língua de seu país com aquela ou aquelas dos outros? Na Europa, não poderemos, não podemos mais fugir dessa condição de estrangeiros, acrescentada à nossa identidade de origem, tornando-se o duplo mais ou menos constante de nossa existência.

Na "crise atual dos valores", ouvimos várias mensagens ideológicas ou religiosas, mais ou menos dogmáticas, que nos propõem, contra a falta de referências, a sua verdade, necessariamente absoluta, para servir como referência global. A experiência europeia da identidade plural nos abre outra perspectiva, talvez a única alternativa moderna para os conflitos entre certezas dogmáticas: a pluralidade identitária. Pois, no mundo globalizado, não há mais universal uniforme e absoluto, mas diversidades tanto intrapsíquicas como culturais, e que devem atenção e respeito umas às outras. O multilinguismo é o laboratório dessa diversidade, a melhor resposta às tentações fundamentalistas.

É no multilinguismo, assim entendido, que buscarei o fundamento da nova laicidade que poderia lidar com os choques entre religiões.

Vamos voltar, provavelmente, ao longo desse encontro acadêmico europeu de verão, à Babel das línguas europeias, às suas dificuldades e às suas promessas. Permito-me, enquanto isso, fazer uma confissão pessoal: a *outra língua* foi e continua a ser para mim uma condição para estar viva. Quase acredito no mito da ressurreição quando ausculto esse estado bífido de meu corpo e meu espírito. Mas, sejam quais forem as dificuldades, estamos convencidos: o espaço plurilinguístico da Europa exige hoje mais do que nunca que os franceses se tornem poliglotas, para conhecer a diversidade do mundo e para fazer a Europa e o mundo conhecerem o que nossa cultura tem de específico. Muito mais que um desvio, essa aprendizagem necessária de outras línguas é uma necessidade vital, antes de ressaltar a sedução da própria francofonia – sonhemos um pouco! –, seus atrativos e suas glórias hoje em agonia. O plurilinguismo não significa de forma alguma um rebaixamento da língua nacional, pelo contrário. É vivendo os segredos e o gênio da língua francesa que sua própria especificidade nos prepara para saborear a diversidade das outras, sem fazer disso códigos para a "comunicação" hiperconectada. E, de maneira inversa, o que descobrimos na língua francesa é evidentemente válido para as outras línguas da polifonia europeia dos 28 membros: é por meio dos mecanismos da língua dos outros que será possível despertar uma nova paixão por uma determinada língua nacional, que será reconhecida, a partir de então, não como uma estrela cadente, folclore nostálgico ou relíquia acadêmica, mas como o principal indicador de uma diversidade que ressurge.

Da depressão nacional e suas surpresas[4]

Esse desvio pelo outro, a que o espaço europeu nos convida vigorosamente para esclarecer nossa própria singularidade, não diz respeito apenas às línguas nacionais. Estamos de fato cientes de que os valores ditos como universais – dentre os quais os de *nação* e de *liberdade* – são criações do patrimônio europeu? Mais ainda: estamos realmente cientes de que nossa história política e nossa preferência por análises contundentes nos permitem, ainda hoje e talvez mais do que nunca, identificar tanto as vantagens como os impasses

---

[4] Cf. Julia Kristeva, *Contre la Dépression nationale*, Paris: Éditions Textuel, 1998.

e as tragédias? Muitos são aqueles que, no mundo globalizado, se apropriam desses valores (nação, liberdade) para rapidamente se ligar ao culto nacionalista à sua nação mais ou menos jovem; a menos que irrompam sua cólera em guerras santas ditas emancipatórias, que se revelam perigosamente liberticidas – mesmo que "haja motivo para se revoltar" contra os crimes cometidos em nome dos "valores" europeus. Diante desses delírios, estamos bastante impregnados da identidade europeia, no que ela tem de autocrítico e de evolutivo, para mostrar que ela é inseparável desse eterno retorno a ela mesma e seus valores, que lhe permite se "transvalorar" sem descanso? Somos capazes de ouvir a voz, de decifrar o olhar daqueles que a Europa maltratou? De propor alternativas para um mundo de diversidade e pluralismo feito de singularidades incomensuráveis, que nenhum outro grupo propôs antes da Europa ou em torno dela?

Também as crises e tragédias que alteraram a história e a atualidade europeias provavelmente voltarão à pauta. Que me permitam insistir no que o ceticismo, também muito europeu, tende a ignorar: o espaço cultural europeu é uma promessa de respiro diante desses dois apocalipses que são *o bloqueio político por razões econômicas* e *a autodestruição ambiental*. Esse respiro é particularmente verdadeiro em relação à nação e à liberdade, ambas criações da cultura política europeia: sua ambiguidade no funcionamento da União Europeia é tão debilitante quanto revitalizante. A história da nação francesa e seu presente, assim como nossas práticas das liberdades individuais e coletivas, provocam, de maneira alternada, entusiasmo e polêmica. E é justamente nesse contexto que a *nação* e a *liberdade* recebem, no próprio espaço europeu, uma análise ou até uma reestruturação sem precedentes. Somos capazes de integrar o sentido e as alternativas e perspectivas que surgem a partir desses desenvolvimentos, a ponto de fazer com que sejam ouvidos fora das fronteiras europeias?

A nação é um orgulho e um fator absoluto, na França, que a República atenua e, por vezes, exalta. Que ela possa se transformar em nacionalismo estreito e xenófobo, temos muitas evidências na história recente. O horror nazista nos levou a condenar a nação: estávamos certos. Percebemos, entretanto, que é um erro esquecê-la; e que a Europa está longe de ser a única responsável pela subestimação do "fato nacional".

Na realidade e em profundidade, o espaço político europeu, por mais recentes que sejam as crises endêmicas, está recompondo as várias correntes que recortam as identidades nacionais (como a reorganização em andamento dos partidos de direita e de esquerda na França) ao dar um novo fôlego às regiões – e necessariamente às culturas regionais – em detrimento dos soberanismos exaltados e em proveito da diversidade cultural (a dos católicos e dos protestantes na Irlanda, dos separatistas córsicos, catalães ou bascos), mas também a recomposições que transformam a memória de guerra das nações em fraternidade (os povoados franceses não esquecem seus memoriais de guerra quando geminam-se aos povoados alemães; e os ingleses se sentem em casa na Aquitânia).

No entanto, o orgulho nacional não adormece: atiçado pelo desemprego e pela perda das identidades locais, ele exige que a Europa política seja uma Europa das nações. Ela conseguirá harmonizar o respeito às culturas nacionais com a constante da introspecção de si, de questionamento e de reciprocidade que tece sua teia de fundo cultural? Por mais difícil que possa ser tal equilíbrio, é forçoso constatar que a história política, mas também a história cultural da Europa, o permitem dentro e entre as nações europeias mais do que em qualquer outro lugar.

As nações europeias esperam a Europa, e a Europa necessita que as culturas nacionais tenham orgulho de si mesmas e se valorizem para realizar no mundo a diversidade cultural cujo mandado demos à Unesco. Uma diversidade cultural que é o único antídoto para o mal globalizado da banalização de nossas vidas, essa nova versão da banalidade do mal.

Se insisto na diversidade cultural como uma ambição do destino europeu – apesar de suas falhas e fracassos – é porque tomar consciência disso poderia desempenhar um papel importante na busca de novos equilíbrios mundiais. Isso me leva à especificidade europeia e à sua relação com o que se chama demasiadamente de "cultura americana".

Dois modelos de civilização

De fato, a queda do Muro de Berlim, em 1989, tornou mais nítida a diferença entre dois modelos de cultura: a cultura europeia e a cultura norte-americana. Diferentes, mas complementares, ambas as versões de liberdade também estão presentes, a meu ver, nos princípios e nas instituições internacionais, tanto na Europa como do outro lado do Atlântico. O desenvolvimento recente da política francesa mostra que, longe de apenas se oporem, esses dois modelos podem se ajustar: a especificidade francesa e europeia, que tende a inverter o pragmatismo da superpotência americana para algo um pouco mais moderado e pluralista, e o espírito empreendedor norte-americano, que estimula a competitividade econômica e cultural do Velho Continente. Diante dessa complementaridade desejável dos dois modelos – e opondo-os com a preocupação de identificar a especificidade europeia vista da França –, eu gostaria de insistir num ponto particular da nossa herança judaico-greco-cristã e que as *Luzes* deixaram registrado nos fundamentos da *Declaração Universal dos Direitos Humanos*. Trata-se da *singularidade* como garantia da liberdade e de seu respeito inviolável no pacto social[5].

A singularidade de cada homem, de cada mulher no que ele ou ela tem de incomensurável, irredutível à comunidade e, nesse sentido, de "genial"; a singularidade cuja emergência e o respeito estão entre as conquistas mais surpreendentes da cultura europeia, essa singularidade constitui o fundamento e a faceta íntima dos direitos humanos. É justamente a preocupação com o sujeito singular que permite estender e adaptar os direitos políticos à *assistência personalizada* aos pobres, às pessoas deficientes, aos idosos, mas também respeitar as diferenças sexuais e étnicas em sua intimidade específica. Somente a preocupação com o singular pode evitar massificar as diversidades reduzidas ao papel de consumidores do "*free market*" (mas quem se privará disso?); ou confiná-las no que deve ser chamado de "reservas" comunitárias formatadas pelas irresistíveis "tradições ancestrais" quando não pelos "mapas biológicos" que muitos "daqueles que decidem" não hesitam em elogiar em nossos recuos identitários (mas quem recusará tal sedução intrusiva?), antes de fingir surpresa com os "choques identitários" assim programados.

A visão, no fim das contas otimista, que acabo de delinear, em termos gerais, de uma cultura europeia tomada de singularidade, não deixará de suscitar objeções e perguntas. Porém, eu não conseguiria ignorar os meandros profundos, inconscientes, da *crise existencial* que reflete o despertar das espiritualidades e dos fundamentalismos e que se inscreve na bastante complexa "crise suburbana" e ameaça a laicidade francesa.

O ideal que temos o direito de esperar da Europa se busca precisamente nesses espaços ocupados – ou desertados – pelas religiões e, mais especificamente, na necessidade de crer pré-religiosa. No cruzamento do cristianismo

---

[5] Cf. Julia Kristeva, *Le Génie féminin – Hannah Arendt, op. cit.*, pp. 275-283 ; Cf. também "Penser La Liberté en temps de détresse", *in: La Haine et le pardon, op. cit.*, pp. 15-27, 209 e 415.

(católico, protestante, ortodoxo), do judaísmo e do islã, pede-se à Europa que crie pontes entre os três monoteísmos – começando por encontros e interpretações recíprocas. Mas também, e acima de tudo, por debates atentos à representação dada pela arte e as letras contemporâneas, e ainda mais às interpretações propostas pelas pesquisas em ciências humanas e sociais. A Europa se afirma, assim, como o lugar por excelência que poderia e deveria reconhecer e interrogar essa necessidade pré-política e pré-religiosa que é a *necessidade de crer*; uma vez que ela é a condição do *desejo de saber*, que não deixa de desmantelar a própria necessidade de crer, apoiando-se nela. Pronto para combater o obscurantismo, o Iluminismo negligenciou e subestimou o poder dessa necessidade antropológica. Cabe a nós continuarmos a elucidá-la, à luz das Luzes, e no novo contexto histórico.

Não ignoro os desastres que o terceiro milênio promete. Devastação calculada dos espíritos? Automatização tecnicista da espécie? Apocalipse ecológico? Estou ciente disso, como todos vocês. Minha aposta europeia não é um otimismo de fachada desesperado; eu a quero à altura dos perigos que nos cercam por todos os lados. Mas também a desejo à altura das latências de nossa cultura cujos riscos e promessas somos hoje capazes de apreciar.

Sujeito livre, religião, humanismo

O sujeito europeu polifônico poderá resistir ao choque dos fundamentalismos religiosos, por um lado, da automatização da espécie humana pela convergência das técnicas e das finanças? Esta é a questão crucial do terceiro milênio.

Para tentar responder essa questão, vou tomar um atalho pela psicanálise, a mais jovem herdeira da longa história das liberdades europeias.

A psicanálise explora, de fato, o microcosmo da liberdade subjetiva, da autoatividade espontânea, desse poder de começar por si um discurso, um laço, uma experiência: em poucas palavras, a psicanálise explora as condições para o florescimento ou o fracasso da subjetividade livre, independente e criadora.

No final do século XIX, Freud conceituou o que Sófocles já havia abordado, em sua tragédia *Édipo rei*, três séculos antes: a reserva subjacente da subjetividade é uma encruzilhada entre o desejo amoroso (pela mãe) e o desejo de assassinato (do pai). Essencialmente trágico, o sujeito falante apenas é livre porque animado por este duplo desejo proibido: de incesto e de parricídio. É apenas a esse preço que ele quer saber e que ele constitui objetos de conhecimento. Em outras palavras, o sujeito edipiano é sujeito da filosofia e sujeito da ciência[6].

A experiência clínica vem confirmar que a resolução sem fim do conflito edipiano condiciona o acesso da criança à linguagem e ao pensamento, que ela permite a autonomia afetiva e que ela inicia, consequentemente, todas as outras expansões: da moralidade, da competitividade, da criatividade.

Se estas são as condições estruturais requeridas para o advento do modelo ideal da subjetividade livre – diversamente declinado pelas civilizações e sua história –, a experiência clínica não é a única a mostrar hoje, no próprio espaço europeu, que esse *modelo edipiano* está em crise. As modificações que afetam a vida familiar, entre as quais emancipação sexual e profissional das mulheres, o aumento do divórcio, o apagamento, até o colapso, da autoridade paterna, o desemprego endêmico e o reinado tóxico da imagem estão entre os fatores essenciais, conhecidos por todos, que contribuem para o fracasso da configuração edipiana e favorecem diferentes formas de alienação, que chamei de "novas doenças da alma"[7].

A própria *faculdade da razão* se desintegra até desaparecer, como bem observava Hannah Arendt, grande leitora de Kant, acerca do comprometimento "banal" de muitos alemães com o nazismo, uma vez que os indivíduos se deixam impor a razão de um líder ou o consenso de um grupo, em vez de "julgar por si mesmos". Será apenas prerrogativa do totalitarismo? Além da faculdade de julgar, é a vida psíquica em sua totalidade que é atingida. O "foro interior", que se afirma de maneira soberana na autodeterminação de Si, no poder de começar por si mesmo um discurso, um laço, um estado está ameaçado, ainda hoje e mesmo hoje.

Como se manifestam essas "novas doenças da alma" induzidas pela crise da subjetividade edipiana? Por sérias dificuldades, ou até pela *impossibilidade de representar* os sentimentos-pulsões-paixões e os conflitos que os provocam. Na melhor das hipóteses, por assim dizer, os indivíduos usam padrões coletivos emprestados da mídia dominada pela televisão que, quando não exacerbam intempestivamente seus dramas, os adormecem ou robotizam. A clínica mostra que muitos são aqueles que, entre nós, perdem a capacidade de desenvolver sua vida psíquica e de compartilhá-la, seja pelo entendimento ou por uma atividade livre ou criadora.

---

[6] Cf. neste livro "A contribuição contemporânea da psicanálise", pp. 37-51.

[7] Cf. Julia Kristeva, *Les Nouvelles maladies de l'âme, op. cit.*

O sujeito livre tornou-se uma miragem e no divã são recebidos pacientes aflitos com os "falsos *selfs*" (Winnicott)[8], personalidades "*borderline*" (Kernberg)[9] ou "como-se" (Hélène Deutsch)[10]. Com crises de choro em zonas de mutismo, essas pessoas caem – às vezes no suicídio – no excesso de afetos, que a rejeição ou a impossibilidade de comunicação linguageira impedem de elaborar, sublimar e superar. As doenças psicossomáticas, a toxicomania, a passagem ao ato, o vandalismo e várias formas de cinismo expressam o naufrágio de uma subjetividade incapaz de autonomia e independência, porque fundamentalmente carente em sua capacidade de representação e, por fim, de pensamento. Ou não seria a mesma liberdade sacrossanta levada a esses extremos por ideólogos sem Lei ou Deus? Protestam os conservadores chocados com tantos excessos e transgressões que certas ideologias libertárias se aprazem, inversamente, a racionalizar e justificar. Na verdade, muitas formas de anarquismo contestador que refletem o desconforto subjetivo e social escondem, infelizmente, uma psique fragmentada sob o impulso da pulsão e pela destruição da estrutura social, e uma inaptidão para exercer a liberdade de si.

Que respostas podemos dar a essa crise coletiva das identidades, da identidade? Elas são pouco numerosas, receio eu. Com sua feiura, seu minimalismo, sua destrutividade, a arte moderna, que apela explicitamente para a psicose, constitui talvez uma das raras variantes do esforço libertário suscetível de acompanhar, com amarga lucidez, essa desconstrução da subjetividade ocidental.

O retorno do recalcado

Após a falência das ideologias providenciais, os extremismos políticos agora fracassam na barbárie terrorista, quando não, de fato, na psicose. Quanto a um retorno a soluções anteriores sob o aspecto da nostalgia conformista, ele irá fornecer apenas uma resposta provisória se as condutas vindas das tradições religiosas forem impostas como dogmas, em vez de serem repensadas e modificadas à luz do conhecimento moderno. Pois, quando um "nós" comunitário consegue se manifestar, ele é feito dessas "doenças da alma", desses estados

---

[8] Cf. Donald Winnicott, "Distorsion du Moi en fonction du vrai et du faux self", *in: Processus de Maturation chez l'enfant*, Paris: Payot, 1989, pp. 115-132.

[9] Cf. Oho F. Kernberg, *Les Troubles limites de la personnalité*, Toulouse: Privat, 1979.

[10] Cf. Hélène Deutsch, "Aspects Cliniques et théoriques des personnalités 'comme si'", *in: Les "Comme si" et autres textes: 1933-1970*, Paris: Seuil, 2007, pp. 293-301.

críticos que se esforçam para consolidar, consolando-os, os vibrantes apelos ao amor e à compaixão (como as multidões que, procurando o pai amoroso, se reúnem em torno de um papa ou outro líder espiritual). Até nas comunidades aparentemente estáveis dos cidadãos da Europa Ocidental, enraizados em seu solo, sua história e seu programa identitário, o "nós" (que se delineia apenas em alguns momentos fugazes de paixão extrema) é fatalmente prejudicado; lacerações internas começam a abri-lo.

Falta-nos uma antropologia da psicologia nacional e, mais amplamente, uma antropologia religiosa. Se ela existisse, ela poderia preparar, além da indispensável reconstrução econômica, o advento de uma civilização recomposta.

Seria historicamente correto começar unindo as diversas correntes do cristianismo que, em sua maioria, dividem a espiritualidade na Europa. Em seguida, com base nessa união – difícil, mas indispensável de ser estabelecida –, seria empreender uma reconstrução moral e subjetiva dos países ortodoxos ex-comunistas, que agora constituem – muito rapidamente – a "Nova Europa". Só então, a partir dessa tradição repensada e renovada, um verdadeiro trabalho laico e crítico, de questionamento filosófico e de educação, seria possível. Pois não se conseguiria criar uma administração e uma economia democráticas sem reconstruir uma subjetividade livre. As duas tarefas, política e ética, são paralelas.

Os estragos do totalitarismo – e especialmente a tragédia do Holocausto – levaram a revisar o legado do Iluminismo, que tinha tomado a forma de uma crítica ou até de uma rejeição da religião. Na melhor das hipóteses, do século XVIII e da Revolução Francesa tentamos conter a religião criticando seus abusos: é a laicidade. Na pior das hipóteses, alguns transformaram essa vigilância em perseguição: é o ateísmo stalinista, entre outros.

O retorno do recalcado ocorreu, e muitos políticos se utilizaram disso para uma nova divisão geopolítica.

O que ouço no divã me faz constatar que uma moça, levada por seu pai e seus irmãos a usar o véu, e que, além disso, compreendeu e integrou o ensino da escola republicana, vive um conflito muitas vezes dramático entre esses dois universos incompatíveis. Muitas têm coragem de renunciar ao véu, mas a restrição familiar gera uma ansiedade intolerável que leva essas pessoas à análise. Outras, que não vão se consultar, mas cujas amizades me colocam a par do drama, são como *duplas personalidades* ou personalidades "como-se". Elas fingem pertencer a ambos os lados: burlam as proibições familiares tendo também dificuldades para levar a sério a educação escolar (história, biologia, antropologia, literatura, psicologia) que questiona o estatuto da mulher "protegida" – na verdade, "murada" – tal como exigido pelo uso do véu. Entre dois discursos incompatíveis, elas "escolhem", inconscientemente, o fracasso escolar, quando não a depressão.

A laicidade, tal como a entendo, não teria sentido se nós não reconhecêssemos as falhas atuais do discurso humanista, nas quais mergulha a fé fundamentalista.

As "medidas sociais" contra as várias formas de exclusão, que além disso são insuficientes, não poderão absorver o mal-estar daqueles que se voltam para as soluções religiosas. É forçoso constatar que não temos um discurso laico sobre as experiências fundamentais do destino humano, e que a necessidade de criar um humanismo rigoroso – eu diria, do destino – se faz sentir cada vez mais dolorosamente.

Exemplo?

Falta um discurso secular sobre a maternidade; as mães são encaminhadas ao consumismo das fraldas, ou, na melhor das hipóteses, à pedopsiquiatria.

A necessidade de ideal que caracteriza a adolescência foi acompanhada nas sociedades ditas primitivas por ritos de iniciação. A secularização não tem discurso para atender à doença de idealidade que aflige nossos adolescentes anoréxicos, toxicomaníacos ou candidatos ao martírio dos camicases. A psicanálise e a psiquiatria estão lutando para adaptar sua escuta e seu tratamento, e as políticas para encontrar lugares de vida para esses novos atores políticos chamados de "jovens".

A deficiência é outro "campo" cujo acompanhamento personalizado devia contribuir para a reconstrução do humanismo. Pois – nunca é demais repetir – precisamos é de um novo humanismo, capaz de falar de verdade do mal-estar ou da falta do ser, conduzindo não para a *integração* (termo que traz uma denegação do sofrimento e uma precipitação para a normalização), mas para uma *interação* entre os cidadãos deficientes e os que não as têm. É de uma democracia da partilha que se trata, e cujos meios a Europa pode proporcionar mais que qualquer outro lugar no mundo, seja qual for a nossa dívida endêmica. Essa tarefa requer:

• a personalização da assistência às pessoas deficientes: por uma formação e uma valorização das profissões ligadas à área.

• a sua exclusão: para mudar as mentalidades em torno desse confronto com a dependência e a mortalidade imposta por essa exclusão "não como os outros".

Não sabemos se essa nova era que está começando será uma distribuição equitativa da soberania internacional ou um empreendimento unilateral. Seremos vítimas de manipulações políticas e genéticas de uma nova forma? Ou, ao contrário, o progresso científico e técnico nos oferecerá soluções adaptáveis à singularidade de cada um? Uma nova condição humana se anuncia no início deste terceiro milênio, exigindo um humanismo mais complexo, e capaz de resistir a essa nova barbárie que se apropria do impulso da técnica. Um novo projeto de vida é necessário, com base no reconhecimento concreto do sofrimento. Para que a cultura europeia possa sobreviver ao choque das religiões, o humanismo, que é filho do Iluminismo europeu, deve ser reconstruído, de modo que seja capaz de encontrar e acompanhar os limites da existência e dar significado à vida mais desfavorecida. O acompanhamento das pessoas deficientes não apenas faz parte disso, mas também oferece a esse novo humanismo uma possibilidade sem precedentes. Pois as respostas científicas, por mais eficazes que possam parecer, nem sempre se combinam com uma abordagem ética apropriada. Bem além dos conflitos políticos e dos riscos geopolíticos, trata-se de fazer da deficiência (e não só da dependência provinda do envelhecimento) o desafio principal – e contínuo – da diversidade cultural europeia.

O euroceticismo não é uma novidade, ele se agrava, é endêmico. A concepção europeia de identidades plurais – com base no multilinguismo – não deixa de ser um remédio sutil contra ele, assim como contra as tensões crescentes entre as identidades nacionais e o risco latente de um conflito mundial atômico.

Muito mais que outras partes do mundo, a Europa é habitada pela consciência dessa tarefa histórica, e ela dispõe agora – para além das crises e com elas – das condições democráticas e intelectuais necessárias para colocá-la em prática. Enquanto uns demonizam as liberdades e outros atiçam os excessos para melhor justificar a volta aos conformismos e aos arcaísmos, a Europa está diante de uma escolha decisiva: encontrar a coragem e o orgulho para revisitar sua história e seu presente, e reavaliá-los com a exigência requerida, a fim de revelar sua pertinência atual e universal.

Europa/China:
os eixos de uma troca

Reabilitar a cultura numa nova filosofia política

Uma quarta crise se confirma, subjacente às crises financeiras, econômicas e sociais. E a evidência se impõe: a busca por "outro modelo" difícil de encontrar é indissociável da reabilitação da experiência cultural e de seu lugar na vida de cada um, assim como no pacto comunitário.

Convidados pela mídia, os filósofos não deixam de se preocupar com isso. Alguns propõem repensar a situação dos seres humanos no ecossistema, mudar de vida para "mudar a vida"[1]. Outros sonham com reinventar a "fraternidade"[2], como se ela não tivesse desmoronado no Gulag e no Holocausto, ou com se livrar da democracia para reconciliar o homem com a mística ou a estética[3]. Tantas provas, se preciso fosse, de que a coruja da filosofia esquiva a batalha e alça voo tarde da noite, um pouco tarde demais, na minha opinião.

Os impasses da filosofia diante da globalização impõem, pelo contrário, a necessidade de inventar uma nova filosofia política. O modelo político atual, herdado de Hobbes e de Locke, contenta-se em atenuar ou atiçar o bipartidarismo (direita/esquerda) e as clivagens sociais. Sem desconsiderar a política, porque ela seria inapta às questões cruciais, convém constatar que ela chegou ao seu limite. E digo ainda: a ação política precisa de novos pulmões, capazes de lhe dar respiro, diante dos imperativos das leis da natureza, das experiências singulares, das necessidades de crer e dos desejos de saber. Ecologia,

---

[1] Cf. Peter Sloterdijk, *Tu Dois changer ta vie: de l'anthropotechnique*, Paris: Maren Sell, 2011.
[2] Cf. Régis Debray, *Le Moment fraternité*, Paris: Gallimard, 2009.
[3] Cf. Jean-Luc Nancy, *Vérité de la Démocratie*, Paris: Galilée, 2008.

saúde, civismo, fronteiras do vivente, vulnerabilidades insuperáveis, múltiplas expressões culturais: entre o legislativo e o executivo, o espaço político deve ser reconstruído para que esses imperativos da vida em sua complexidade, já universalmente acessíveis pelos avanços da democracia, possam ser examinados, protegidos e desenvolvidos.

A partir dessa perspectiva, a ação cultural interna e externa é a peça-chave da nova relação internacional buscada, e que definirei assim: como federar uma humanidade universal em e pela multiculturalidade? A convenção da Unesco de 2005, que inicia um direito cultural internacional, inspira-se nisso.

Permitam-me aqui chamar a sua atenção para isso. Federar a multiculturalidade não significa expor lado a lado culturas, numa espécie de "feira da diversidade", que é a governança da cultura entendida como um espetáculo generalizado no qual as culturas estão "ao alcance das mãos" (na internet ou na Exposição Universal de Xangai), mas não se compreendem. Pois elas não têm consciência umas das outras: não se analisam, não procuram construir pontes entre si, não interpelam em profundidade a vida psíquica deste homem ou daquela mulher. E, por isso, na "diversidade" assim entendida, as culturas podem se banalizar de tanto se sobreporem umas sobre as outras numa tolerância politicamente correta em que se perdem tanto as especificidades de cada civilização quanto suas influências mútuas. Vamos ter cuidado: resulta disso uma banalização das diversidades, que está se tornando o novo "mal radical". Mais sorrateiro que o "choque das religiões", mais difícil de desfazer porque reduz o pensamento a vários "produtos" do mercado, esse mal facilita a automatização em curso da espécie humana.

É exatamente nesse ponto que nosso encontro cultural Europa/China faz todo o sentido. Por quê? Em primeiro lugar, porque é no complexo continente da cultura europeia, de que (diga-se de passagem) não temos orgulho suficiente, que pode ser elaborado um questionamento da "cultura do espetáculo", do "show cultural" e dessa "cultura da feira das diversidades" que tende a banalizar o próprio fato cultural. Em seguida, e acima de tudo, porque a China, como a Europa, precisa afirmar sua autonomia política e econômica, apoiando-a no caráter específico de sua cultura: para descomplexificar sua herança civilizacional por uma análise minuciosa de sua memória cultural e sua transvaloração.

Nossos eixos de troca

Para superar as atividades culturais que falham no que chamei de "feira das diversidades" e que parece ser uma nova versão da banalidade do mal, aqui estão algumas propostas para iniciar os encontros culturais Europa/China.

Cabe às ciências humanas e sociais, com a participação de pesquisadores europeus e chineses, definir e aprofundar alguns eixos de colaboração prioritários entre as diversidades de nossas culturas, tais como nos impõem a memória das duas civilizações e a atualidade internacional.

1. O que é uma *identidade nacional e cultural*?

Comecemos, na Europa, pela criação de um colégio das culturas europeias, que iria ao encontro dos outros e os convidaria a questionarem a si mesmos e sua possível mudança a partir dos contatos com estrangeiros. Brademos em alto e bom som, na China e em outros lugares, as grandes ideias que o Iluminismo nos legou, e que temos tanta dificuldade para colocar em prática hoje, mas que são de uma generosidade e abertura ímpares e promissoras.

Na verdade, a cultura europeia, que inventou e cultivou a busca identitária, revela ao longo de toda a sua história tanto os riscos quanto as promessas dessa superação interminável. Mas é justamente a abertura paradoxal de uma identidade infinitamente construível e desconstruível que confere ao projeto europeu como um todo, e ao destino cultural europeu em particular, sua fragilidade desconcertante, bem como sua sutil resistência. Ao culto moderno da identidade, a cultura europeia opõe uma busca identitária sempre a recomeçar. No velho continente, a identidade é um questionamento, que devemos levar para junto de nossos parceiros chineses para melhor compreender tanto as reivindicações étnicas e nacionais no seio de seu imenso continente como as dos diferentes povos e países de outras zonas geográficas do mundo globalizado.

No espaço europeu, a nação e a liberdade são submetidas a uma análise, até mesmo a uma recomposição inaudita. Somos capazes de assumir essas evoluções a ponto de fazer com que sejam ouvidas na China?

Na Europa, a diversidade linguística está formando indivíduos caleidoscópicos que não se deixam intimidar pelo bilinguismo do *globish english* ditado pela globalização, mas eles fariam bem em aprender as suas noções básicas para serem mais competitivos no mercado da indústria e da cultura. Com efeito, a Europa plurinacional começa a gerar um sujeito polifônico, o cidadão multilíngue. Qual será o futuro europeu? Um sujeito singular, com psiquismo intrinsecamente plural porque poliglota, ou um sujeito reduzido ao *globish*? É nessa perspectiva que surge, na própria China, tanto a questão das línguas regionais quanto a da posição das línguas estrangeiras na educação diante da globalização.

A Europa inventou a nação e, em seguida, a legou ao mundo globalizado. O surgimento do nazismo acarretou, com muita razão, a condenação da nação. No entanto, ignorar a identidade nacional é expor os povos ao que chamei em outro texto de depressão nacional[4], cujas consequências são reconhecidas nas tensões nacionalistas. É necessário hoje que os intelectuais, sempre céticos, revisitem e reatualizem o patrimônio cultural da nação a fim de valorizar seu potencial estético, técnico ou científico. Por conta de sua má compreensão do universalismo e da culpa colonial, muitos agentes políticos e ideológicos, com o pretexto do cosmopolitismo, cometeram muitas vezes "faltas imperceptíveis"[5] em relação à nação, exacerbando assim a depressão nacional. A troca entre a Europa e China poderia trazer à tona o alcance e os limites desse antidepressivo que é a identidade nacional, de tal modo que as nações se redefinam de acordo com os princípios de uma governança multipolar.

2. A diferença entre os dois modelos dominantes da cultura no mundo ocidental, o europeu e o norte-americano, tornou-se sensível com a queda do Muro de Berlim, em 1989. Esses dois modelos são baseados em duas concepções de liberdade, ao mesmo tempo diferentes e complementares, que estão em curso nas instituições internacionais na Europa e nos Estados Unidos.

A concepção da liberdade segundo Kant é conhecida como autocomeço, "*Selbstanfang*". Sujeito à técnica e ao mercado, esse tipo de liberdade tende a alinhar-se com uma causa exterior, mais econômica que moral, com o risco de tornar-se sinônimo de *adaptação* e de *prosperidade*.

Entretanto, outro modelo de liberdade surgiu na filosofia pré-socrática e nos diálogos platônicos. Essa liberdade fundamental, que Heidegger evidenciou, mostra-se no Ser da palavra que se entrega a si mesmo e ao outro e, neste sentido, se libera. A liberdade do encontro singular com o outro está, assim, inscrita na essência da filosofia, em sua qualidade de questionamento infinito que caracteriza o ser que fala.

---

[4] Cf. Julia Kristeva, *Contre la Dépression nationale*, op. cit.

[5] Jean Giraudoux, *La Guerre de Troie n'aura pas lieu*, op. cit.

Assim elucidada, a liberdade se realiza na singularidade das experiências do pensamento, nas criatividades de cada um e nas revoltas íntimas. Elas são possíveis em tempos de crise e austeridade?

Sem fugir à lógica da globalização, a sociedade europeia aspira à construção de uma União Europeia que não se reduziria ao liberalismo do "deixar rolar", muitas vezes identificado ao "modelo americano". Pois os europeus estão convencidos de que, ao lado de uma concepção de liberdade que se alinhe aos progressos da técnica e ao mercado globalizado, há uma outra que, opondo-se às certezas identitárias, econômicas e científicas, valoriza uma busca identitária indefinidamente reconduzida e infinitamente motivada, favorecendo a singularidade. Trata-se da especificidade de cada um, designando o que ele ou ela tem de irredutível à comunidade, e que constitui tanto o fundamento quanto a dimensão íntima dos direitos humanos. Esse respeito à singularidade democratiza os próprios direitos políticos na medida em que se ajusta aos pobres, às pessoas deficientes, às pessoas idosas e às diferenças sexuais e étnicas em sua intimidade específica. A preocupação com o singular constitui a única resposta para a *massificação* das diversidades, sem privá-las de seu papel inevitável de consumidores do "*free market*", mas procurando os equilíbrios mais precisos num dado momento histórico.

3. O aprofundamento da liberdade singular passa pelo atração exercida pelas *religiões e espiritualidades* nos consumidores da globalização. O conhecimento, a análise, a "transvaloração" das culturas, das religiões e das espiritualidades constituem uma prioridade tanto para a Europa como para a China. Essa problemática começa a ser ouvida, principalmente em algumas universidades chinesas (Tongji e Jiaotiong, em Xangai) que abrem institutos de pesquisa sobre esses temas difíceis e que necessitam de uma grande cooperação europeia.

4. O lugar da *mulher e do feminino* na tradição chinesa, do taoísmo e do confucionismo, passando pelo socialismo chinês e pelo marxismo, confere às mulheres desse país um papel decisivo em seu desenvolvimento atual e frente à emancipação de todas as mulheres no contexto da globalização. O Prêmio Internacional Simone de Beauvoir para a Liberdade das Mulheres, que tenho a honra de presidir, foi atribuído a duas mulheres chinesas, a advogada Guo Jianmei e a cineasta Ai Xiaoming, que trabalham por uma melhor aplicação dos direitos das mulheres reconhecidos pela República Popular da China.

Quanta diferença em relação à situação das mulheres em outras partes do mundo! E como a caminhada ainda é longa! A cultura da maternidade, o lugar da criança, ou então a da igualdade política e profissional no espírito de uma complementaridade entre os dois sexos são, obviamente, temas centrais, sobre os quais a experiência chinesa e a europeia, juntas, têm muito a aprender.

Deixem-me terminar num tom mais sério. Como tantos de vocês, fiquei muitas vezes desesperada com a devastação calculadora dos espíritos, com a automatização tecnicista de nossa espécie humana, com o apocalipse ecológico. Minha recente viagem à China não me livrou desse ceticismo, longe disso. Mas nem outra guerra mundial, nem uma nova fé poderão nos salvar. Resta-nos inventar uma filosofia política que deixe seu espaço para o encontro cultural, ou melhor: que o instale na intimidade de cada um. Nossa aposta não é um otimismo de fachada em desespero de causa. Ela deve estar à altura dos perigos que nos espreitam por todos os lados. Eu a desejo também à altura das latências de nossas duas culturas, cujos riscos e promessas somos hoje capazes de avaliar.

O universal
no singular

O projeto do presidente Karzai de "integrar" talibãs qualificados como *"inferior rang insurgents"* está recebendo a adesão da Europa e dos Estados Unidos, diante das dificuldades nas quais se afunda o compromisso das democracias ocidentais no Afeganistão. Embora os próprios talibãs tenham de imediato rejeitado a oferta, a tentativa irá, obviamente, ser implementada: convém tentar qualquer coisa, inclusive o impossível, na esperança de apaziguar, mesmo que de forma relativa, esse vizinho do Irã? A pergunta se refere aos limites desse impossível, se o preço a pagar consiste em *renunciar aos direitos do homem e da mulher* e, assim, abrir caminho para novos totalitarismos – contrariamente ao cálculo estratégico inicial. Em consequência, é necessário que, a partir de agora, o governo Karzai se empenhe em garantir, por meio da legislação, e qualquer que seja sua composição futura, os direitos das meninas e das mulheres à educação e à formação profissional, bem como a sua proteção contra os casamentos forçados, a violência doméstica e a discriminação (no trabalho, na herança, em caso de divórcio etc.). Foi a proposta que fiz, com outros, para a Delegação dos direitos das mulheres do Cese[1], que a aceitou e a encaminhou para ser examinada pela Conferência de Londres. Fiquei pessoalmente envolvida no apoio internacional às mulheres afegãs quando, em 2006, tive a honra de receber o Prêmio Internacional Hannah Arendt de Pensamento Político: eu o dediquei a essas mulheres que se imolam pelo fogo, sem poder expressar de outra forma sua revolta contra o obscurantismo social e religioso. Foi a ONG Humani Terra, do Hospital de Marselha, e que gerencia o Hospital de Herat, no Afeganistão, que se encarregou de lhes assegurar cuidados médicos e psicológicos. Antes da chegada

---

[1] Le Conseil Économique, Social et Environnemental (Conselho Econômico, Social e Ambiental). [N.E.]

dos talibãs, as afegãs começavam a experimentar uma certa emancipação e, ainda hoje, a mídia globalizada as informa sobre os progressos dos direitos das mulheres em todo o mundo. Assim, muitas delas não se submetem cegamente à repressão fundamentalista, e tentamos ajudá-las a encontrar outras saídas além do desespero. Mas qual é a relação com Hannah Arendt? Numa época em que se opunham nazismo e estalinismo, Arendt tinha entendido que eles faziam parte de um mesmo horror totalitário, porque eles declaravam supérflua a vida humana que eles destruíam pelo Holocausto ou pelo Gulag. Hoje, é revoltante tolerar essas novas formas de barbárie que consideram que alguns seres humanos são supérfluos, em especial as mulheres. Com o Afeganistão, e além desse país, há o projeto de sociedade que a globalização carrega.

O terceiro milênio será religioso, afundando-se no apocalipse dos "choques das religiões"? Ou será o da diversidade cultural? Aposto na segunda hipótese, que é também a da Unesco em sua Convenção sobre a Proteção e a Promoção da Diversidade das Expressões Culturais de 2005. Porém, as coisas não são tão simples assim. Convém primeiro concordar sobre o que se entende por "diversidade".

Em nome da "diversidade", alguns querem impor mentalidades e ritos arcaicos que violam as liberdades individuais e sociais, conquistadas à custa de dolorosas lutas históricas. Não é por acaso que as mulheres são frequentemente as primeiras vítimas dessas regressões: Freud já escrevia que, desde tempos pré-históricos, nas religiões e, ainda hoje, mais ou menos de maneira inconsciente, "a mulher por inteiro é tabu"[2]. Assim, afirma-se "respeitar a diversidade" autorizando as excisões das africanas, os xadores e as burcas das muçulmanas. Por que não voltar aos "pés atados" das chinesas?

Mais que uma "diversidade cultural", é uma interculturalidade que convém promover. Ela daria conta das tradições culturais, incluindo crenças religiosas, sem esquecer a componente capital da experiência humana chamada *história*. Tendo levado os humanos a pensar que o universal e a liberdade são acessíveis a toda a humanidade, a história também nos dá a coragem de transformar esses conceitos em realidades. Que universal? Que liberdade?

---

[2] "A mulher não é apenas tabu nas situações particulares que decorrem de sua vida sexual: menstruação, gravidez, contrações, parto e dequitação, mesmo fora disso, as relações com a mulher são submetidas a restrições tão graves e numerosas que temos toda a razão em colocar em dúvida a pretensa liberdade sexual dos selvagens." Cf. Sigmund Freud, "La Psychologie de la vie amoureuse", *in: La Vie sexuelle, op. cit.*, p. 64.

O "universal" só encontra seu pleno valor libertário se for um universal no singular. Explico-me.

Voltando às origens judaicas e cristãs dessas noções filosóficas e políticas, tem-se tendência de opor um "universal judaico" (bíblico e talmúdico), que seria diversificador porque consciente da eleição singular, a um "universal católico" (herança romana paulina), que seria generalizável, avaliável, mensurável. Ignorando a complexidade própria de ambas as tradições, essa oposição é obviamente simplista: a Aliança singular do judaísmo com o divino, embora com a vantagem metafísica excepcional de criar o sujeito no homem, não impede de abordar o mundo em termos de verdade absoluta não problematizável e sem externalidade; enquanto a espiritualidade católica, fosse ela expansiva, inquisitória e colonizadora, não ignora nem a singularidade (com Duns Scot), nem o incontrolável desejo infinito (com a revolução barroca). Mais ainda, em vez de opor os dois universalismos, seria politicamente mais razoável e fecundo ir além do duelo entre judeus e cristãos para repensar as tensões do par judeu-e-cristão, bem como sua reavaliação em e pela secularização e pelos direitos humanos, ruptura essa não encontrada em outras religiões e que levou ao secularismo francês. O universal atento aos direitos singulares de cada um, de cada uma, é a sua herança preciosa que, sob o nome de Direitos Humanos, parece ser hoje o único capaz de ir ao encontro dos países emergentes.

A cultura europeia é o seu cadinho, para o melhor e para o pior. O horror do Holocausto não deixará de inspirar grande desconfiança, senão hostilidade, para com a Europa. Deve-se reconhecer, entretanto, que a revisão crítica dos crimes racistas, antissemitas e xenófobos realizados pelos europeus faz do debate político do continente um fórum excepcional e torna-se um exemplo num mundo dilacerado por confrontos identitário nacionalistas ou religiosos.

Assim, enquanto o culto à identidade (nacional ou sexual) gera novas militâncias, o espaço europeu fica na contracorrente dessa tendência, uma vez que na Europa, agora, a "identidade nacional" não é mais um culto, mas uma realidade a questionar e em constante evolução. Sim, existe uma identidade europeia aberta à pluralidade das identidades nacionais e regionais e às suas línguas que, interrogando a memória e o devir, tenta encontrar a melhor interação com as ondas migratórias da globalização. Não temos nem muita consciência, nem muito orgulho dessa novidade identitária que está lentamente se perfilando na Europa, com dificuldade, mas de forma mais decisiva do que em qualquer outro lugar.

Essa interculturalidade europeia é um sonho impossível? Com certeza. Mas é justamente essa utopia que confere ao projeto europeu toda a sua energia, aquém e além das incertezas econômicas e políticas. Pelo fato de se basear nas diversidades compartilháveis, com a condição de garantir os direitos de cada um no seu desenvolvimento ideal, essa utopia intercultural é o exato oposto da fantasia de um novo "comunismo", que está sendo proposto como uma "opção corajosa" para "sair da crise". O universal comunista não fracassou justamente porque não quis saber que a liberdade se conjuga no singular? Nenhuma solidariedade ou fraternidade com os "diversos", os "diferentes" ou "imigrantes sem documentos" poderia se construir sem conduzir os direitos humanos, do homem e da mulher, até o seu resultado, ou seja, o direito deste homem, daquela mulher: no *singular*, com e através de sua "comunidade".

Uma crítica frequente ao humanismo procedural, jurídico e social é a de faltar com o sagrado. Afirmo que, quando o universal se confunde com a preocupação com cada pessoa no que ela tem de incomensurável, as fronteiras do pacto social se ampliam até a insustentável vulnerabilidade e a imprevisível criatividade dos quaisquer, e o *humanismo no singular introduz o sagrado* no mundo.

Voltando às mulheres, recordemos as advertências da autora do *Segundo sexo*: as chances do indivíduo não se definem "em termos de felicidade, mas em termos de liberdade"; e, se "a liberdade é a única capaz de fundar o valor de toda vida", "a liberdade nunca é dada, mas sempre conquistada". E, acrescento: questionada, renovada. Ao criar o Prêmio Simone de Beauvoir para a Liberdade das Mulheres, o júri internacional o conferiu primeiramente a mulheres submetidas ao fátua (Taslima Nasreen e Ayaan Hirsi Ali) ou que lutam por seus direitos (as iranianas da ONG "One million signatures"). Os direitos das mulheres, não mais que os direitos humanos, não se exportam. No cruzamento das culturas, beneficiando-se da interculturalidade que convém otimizar, esses direitos emergem lentamente, de maneira específica em cada país, cultura, religião.

Duas chinesas, a jurista Guo Jianmei e a literata e cineasta Ai Xiaoming, receberam o prêmio em 2010. Elas se apoiam numa tradição complexa de emancipação das mulheres, que acompanha a história chinesa na base e contra a opressão: do taoísmo no movimento de libertação burguesa, passando pelas escritoras das cortes imperiais, as sufragistas que invadiram o parlamento em 1912 para exigir o direito de voto pelo movimento de 1920, dito das "Cinco propostas" feministas (direitos iguais à herança, direito de votar e ser votada, direito à educação e ao trabalho, à autodeterminação no casamento, ao casamento livre), até o texto de Mao sobre o suicídio das mulheres ou os compromissos internacionais do governo comunista atual. Acostada a esses traços culturais, apesar de serem raros, mas preocupados com o direito e com as mulheres, a ação dessas premiadas, que elas definem como uma "estratégia de construção e não de oposição", não é percebida como uma intromissão estrangeira e ecoa amplamente na opinião pública. Atento a esse universal singular que clama pela criatividade de cada pessoa, foi o gênio específico da Sra. Ai e da Sra. Guo, suas iniciativas e seus atos originais de liberdade, que o Prêmio Simone de Beauvoir em 2010 quis distinguir. Contra o feminismo massificador, eu tinha dado à minha trilogia sobre as mulheres um título provocativo: *O gênio feminino*.

Aos contrários a esse espírito, a "mulher comum" prefere o indício de filiação religiosa em detrimento da pessoa dessa mulher e, por isso, encoraja a influência fundamentalista: a extrema esquerda prefere o ensino dos imãs à emancipação das mulheres. Como a violência contra as mulheres é uma causa nacional em 2010, teria sido mais revolucionário escolher como candidata uma "mulher comum", que sofre com o casamento forçado, a violência doméstica, a proibição de acesso ao conhecimento, mas também com a discriminação no trabalho e outros desrespeitos ou insuficiências da própria lei republicana. Há muito a fazer para abrir a política para as "mulheres comuns", sem encerrá-las complacentemente em seu pertencimento religioso. Seria a famosa "laicidade positiva" que a LCR[3] pratica? Melhor a comunicação demagógica que pereniza a exclusão.

Não sou especialista em islã e é difícil avançar nesse domínio nevrálgico sem ferir sensibilidades, incluindo intelectuais laicos de origem muçulmana, sem despertar memórias coloniais e um ressentimento pós-colonial. Quaisquer que sejam as variantes do islã e seus desdobramentos racionalistas, místicos ou poéticos, parece, entretanto, que o papel da figura paterna e da autoridade simbólica (a que Freud chamou de "*Urvater*") é tão poderoso, e até mesmo insuperável, que impõe a obediência e danifica a liberdade do homem e, ainda mais, das mulheres. Constato, como alguns escritores e filósofos francófonos de origem muçulmana, que a ruptura da secularização não aconteceu no islã. Ou ela seria tão invisível e inaudível que é recebida como um transplante estrangeiro? Sem Luzes, sem Haskalá.

Nessas condições, a "identidade" muçulmana pode se tornar uma questão e, a partir daí, evoluir? Mudanças políticas e econômicas são, provavelmente, necessárias, pois permitiriam aos muçulmanos sair da posição de "perseguidos que se vingam". Mais profundamente e ao mesmo tempo, uma transvaloração dos valores islâmicos e islamistas é indispensável (regras corânicas,

---

[3] Liga Comunista Revolucionária. [N.E.]

rituais de sacrifício, domínio tirânico sobre as relações entre os sexos, obediência, guerra santa, mulheres muradas etc.). Ela poderia ocorrer pela integração, nos currículos escolares e universitários, da história das religiões. Todas as religiões – incluindo o islã – poderiam assim se tornar objetos de interpretação, à luz das ciências humanas e sociais e da filosofia contemporâneas. Essa reavaliação associaria mulheres e homens provindos da tradição corânica, como tenta fazer à sua maneira o movimento NPNS[4] (Nem Putas, Nem Submissas). Um trabalho "cruel e de muito fôlego"[5], para retomar as palavras de Sartre sobre o ateísmo, porém indispensável, se reconhecemos que uma revisão do humanismo é necessária, sem ignorar os fatos religiosos, mas sabendo interpretar as suas necessidades, do mesmo modo que os perigos no seio de um universal que garanta os valores libertadores da pessoa.

---

[4] Movimento feminista francês fundado em 2003 por Fadela Amara e interessado particularmente na condição feminina da mulher comum.

[5] Jean-Paul Sartre, *Les Mots, op. cit.*

Sobre a autora

De origem búlgara e radicada na França desde a década de 1960, a filóloga, psicanalista e escritora Julia Kristeva mantém-se como uma das principais pensadoras do estruturalismo e do pós-estruturalismo francês, tendo compartilhado suas ideias com Roland Barthes, Tzvetan Todorov, Gérard Genette, Michel Foucault e Louis Althusser, entre outros.

É professora emérita da Universidade Paris-Diderot e fundadora do Centro Roland-Barthes, que faz parte do Instituto do Pensamento Contemporâneo, dirigido por ela e pelos escritores Francis Marmande e Martin Rueff.

Seus trabalhos abordam questões de intertextualidade e semiótica nas áreas de linguística, teoria e crítica literária, psicanálise, biografia e autobiografia, análise política e cultural, arte e história da arte. Desde 1987, é membro da Sociedade Psicanalítica de Paris. Doutora *honoris causa* por várias universidades nos Estados Unidos, no Canadá e também no continente europeu, é autora de cerca de trinta obras, entre ensaios e romances.

Fontes Agendatype, Minion Pro e Noticia Text
Papel Supremo Duo Design 300 g/m² (capa),
    Pólen Bold 90 g/m² (miolo)
Impressão Maistype
Data Outubro de 2017

MISTO
Papel produzido a partir
de fontes responsáveis
FSC
www.fsc.org   FSC® C041155